Unverblümt. Heiter. Glasklar. Wer dem Pornokonsum ein »Nö« entgegensetzen möchte, findet in dem Buch von Christina Rammler eine übersichtliche Landkarte, die einen Weg zum Ausstieg weist. Dabei enthält sie sich jeder Form der Moralisierung. Erfrischend offen ermutigt die Autorin, den Weg zu wagen. Das Buch ist wirklich ein hilfreiches Tool, Schritt für Schritt weiterzukommen und das Ziel nicht aus dem Blickfeld zu verlieren. So etwas hat es bisher noch nicht gegeben.

Kai Mauritz, Lebensberater und Referent des Weißen Kreuzes

CHRISTINA RAMMLER

PORNÖ

AUSSTEIGEN AUS DEM EGOSEX

SCM

SCM
Stiftung Christliche Medien

Der SCM Verlag ist eine Gesellschaft der Stiftung Christliche Medien, einer gemeinnützigen Stiftung, die sich für die Förderung und Verbreitung christlicher Bücher, Zeitschriften, Filme und Musik einsetzt.

© der deutschen Ausgabe 2016
SCM-Verlag GmbH & Co. KG • Max-Eyth-Straße 41 • 71088 Holzgerlingen
Internet: www.scmedien.de • E-Mail: info@scm-verlag.de

Soweit nicht anders angegeben, sind die Bibelverse folgender Ausgabe entnommen:
Neues Leben. Die Bibel, © der deutschen Ausgabe 2002 und 2006
SCM-Verlag GmbH & Co. KG, Witten.
Weiter wurden verwendet:
Gute Nachricht Bibel, revidierte Fassung, durchgesehene Ausgabe in neuer Rechtschreibung, © 2000 Deutsche Bibelgesellschaft, Stuttgart. (GNB)
Hoffnung für alle ® Copyright © 1983, 1996, 2002, 2015 by Biblica, Inc.®. Verwendet mit freundlicher Genehmigung des Herausgebers Fontis – Brunnen Basel (HfA)
Bibeltext der Neuen Genfer Übersetzung – Neues Testament und Psalmen
Copyright © 2011 Genfer Bibelgesellschaft
Wiedergegeben mit freundlicher Genehmigung. Alle Rechte vorbehalten. (NGÜ)

Gesamtgestaltung: Kathrin Spiegelberg, Weil im Schönbuch
Druck und Bindung: CPI books GmbH, Leck
Gedruckt in Deutschland
ISBN 978-3-7751-5697-4
Bestell-Nr. 395.697

Inhaltsverzeichnis

Einleitung 7

KAPITEL 1
Mein Wanderführer 11

KAPITEL 2
Am Fuß des Berges 17

KAPITEL 3
Etappenziel I 27

KAPITEL 4
Etappenziel II 47

KAPITEL 5
Etappenziel III 67

KAPITEL 6
Etappenziel IV 87

KAPITEL 7
Blick nach vorne 117

Einleitung

Zweieinhalb Jahre habe ich damit verbracht, Gespräche zu führen. Das ist an und für sich nichts Ungewöhnliches, das macht schließlich jeder von uns Tag für Tag. Wir reden über das Wetter, über die Arbeit, über den letzten Urlaub. Wir reden darüber, wie wir gestern im Supermarkt wegen einer Packung Milch unverschämt lange anstehen mussten, weil das alte Ehepaar vor uns mit seinem unfassbar überladenen Einkaufswagen auch nicht im Geringsten auf die sehr naheliegende, ja offensichtliche Idee kam, uns vorzulassen. Wir reden darüber, wie wir letzten Samstag, ganz nebenbei bemerkt der einzige Tag in der Woche, an dem wir ausschlafen können, unsanft aus unseren Träumen gerissen wurden, weil unser Nachbar mal wieder nichts Besseres zu tun hatte, als um 7 Uhr morgens seinen Rasen zu mähen.

Wir reden über Menschen, die uns auf die Nerven gehen. Manchmal reden wir auch über die kleinen Freuden und großen Erfolge des Lebens. Über all das reden wir. Worüber wir für gewöhnlich nicht so gerne reden, sind wir selbst. Worüber wir für gewöhnlich nicht so gerne reden, sind die Dinge, die wir tun, wenn keiner zuschaut. Die Dinge, die wir lieber und ausschließlich heimlich tun. Und schon gar nicht reden wir darüber, wie es uns mit den Dingen geht, die wir gerne heimlich tun.

Zweieinhalb Jahre habe ich damit verbracht, Gespräche zu führen – mit Männern und Frauen über Dinge, die sie gerne heimlich tun. Ich habe sie danach gefragt, was sie heimlich tun und was das mit ihnen macht. Zweieinhalb Jahre habe ich damit verbracht, Gespräche zu führen über Pornografie.

Die Geschichten, die Menschen mir anvertrauten, erzählen von Lust und Leid, Genuss und Zwang, Freiheit und Unfreiheit, Abenteuer und Langeweile, Glaube und Verzweiflung. Geschichten, die von einer Sehnsucht erzählen und davon, wie Menschen sich auf eine Reise machen, um ihren inneren Hunger zu stillen und den Druck – seelisch wie körperlich – für eine kurze Zeit abzubauen. Diese Geschichten habe ich erzählt in »Egosex. Was Porno mit uns macht«[1].

Pornografie – eine Möglichkeit, die Realität für einen kleinen Moment hinter sich zu lassen und sich selbst im Rausch der Lust zu vergessen. Zugegeben eine Möglichkeit mit weitreichenden Konsequenzen. Konsequenzen, wie sie mir in den Gesprächen mit meinen Interviewkandidaten immer wieder deutlich vor Augen geführt wurden. Konsequenzen, die von einer schmerzhaften Wahrheit erzählen, der gegenüber wir irgendwie blind geworden sind. Eine Wahrheit, die da lautet:

Pornos machen etwas mit uns!

Egal, ob wir jung oder alt, arm oder reich, gebildet oder ungebildet, gläubig oder ungläubig, alleinstehend oder verheiratet, Mann oder Frau sind. Pornos machen etwas mit uns!

Genau aus diesem Grund gibt es dieses Arbeitsbuch. Es ist für Menschen, Männer und Frauen, die tun, was sie tun, obwohl sie es eigentlich nicht mehr wollen. Männer und Frauen, die verstehen wollen, warum sie immer wieder Ja sagen zu Dingen, zu denen sie eigentlich Nein sagen wollen. Männer und Frauen, die lernen wollen, Nein zu sagen, die endlich aus dem Kreislauf der niemals endenden Lust aussteigen wollen. Männer und Frauen, die sich nach einem Leben ohne Porno, die sich nach einem Mehr im Leben sehnen.

Wenn du diese Sehnsucht in dir verspürst, dann ist dieses Buch genau richtig für dich. Es bietet dir die nötigen Fragen, um deine Vergangenheit, deine Prägungen und dein Pornoverhalten besser zu verstehen und eigene Antworten zu finden. Antworten darauf, was Porno mit dir gemacht hat und vielleicht bis heute mit dir macht. Antworten darauf, was du eigentlich wirklich mit Porno machst und warum. Antworten darauf, wie du aussteigen und neu anfangen kannst.

Dieses Buch ist dein persönlicher Wanderführer. Mit ihm wirst du den Berg namens »Pornoausstieg« Schritt für Schritt, Etappe um Etappe, erklimmen. Ein abenteuerlicher Aufstieg, der dich herausfordern wird, einen gnadenlos ehrlichen Blick in den Spiegel zu werfen und der Wahrheit über dich selbst ins Auge zu schauen. Ein Aufstieg, der wie jede Wanderung ein Ziel hat: das Gipfelkreuz. Tatsächlich ist diese Wanderung letztlich viel mehr als nur ein Weg, um dich selbst und dein Pornoverhalten besser zu verstehen. Sie kann für dich, wenn du das möchtest, auch ein Weg sein, um diesen Mann, der von sich selbst behauptet, Gottes Sohn zu sein, der dir ein Leben in Fülle verspricht, besser kennenzulernen und ihn ganz real zu erleben. Dieser Mann namens Jesus ist dein persönlicher Bergführer. Er wird deinen Ausstieg begleiten und dich an die Hand nehmen, wo du es alleine nicht schaffst. Er wird dich in deinem ganz eigenen Tempo nach oben zum Kreuz führen, damit du dort deinen seelischen Ballast abladen und dir sein Mehr an Möglichkeiten für dein Leben abholen kannst. Heißt also: Du kannst dieses Buch, wenn du das möchtest, auch als Wegbegleiter auf deiner spirituellen Reise nutzen! Völlig egal übrigens, ob du bisher rein gar nichts mit der Gott-Vater-Sohn-und-Heiliger-Geist GmbH zu tun hattest oder aber schon seit Jahren zum Familienunternehmen dazugehörst. Fakt ist: Die göttlichen Möglichkeiten von Vergebung, Neuanfang und Veränderung stehen jedem Menschen, der den Mut hat, sich darauf einzulassen, frei zur Verfügung.

Genau diesen Mut wünsche ich dir! Den Mut, dich auszuprobieren und dich ganz neu kennenzulernen. Den Mut, Gottes Hand zu ergreifen und ihm als Bergführer deiner Wanderung mit jedem Schritt mehr zu vertrauen! Den Mut, mehr vom Leben zu erwarten, als du bislang zu träumen wagtest. Ich wünsche dir, dass dieses Buch dich mitnimmt auf den Weg in ein Leben, in dem du dieses göttliche Mehr, das Jesus dir verspricht, hautnah und ganz real erlebst!

Und jetzt schmier die Brote, pack die Thermoskanne und die Wasserflasche ein und dann kann's losgehen!

KAPITEL 1

Mein Wanderführer

Bevor wir auf den Berg steigen, hier noch ein paar essenzielle Tipps und Tricks, wie du deinen Wanderführer maximal für dich nutzen kannst! Schließlich sollst du auf deiner Wanderung nicht nur so richtig Spaß haben, sondern am Ende auch wirklich da ankommen, wo du hinwolltest.

Wandern mit andern – Meine Weggefährten

Das Wandern ist des Müllers Lust – doch egal ob Müller, Meier, Huber oder Schmid, die Lust kann einem ziemlich schnell vergehen, muss man den Berg ganz alleine bezwingen! Wie mit allem im Leben macht auch diese Wanderung am meisten Spaß, wenn du sie nicht alleine machst. Der Weg, der vor dir liegt, wird dich maximal herausfordern und mitunter an dein Limit bringen, denn die Fragen und Anregungen in diesem Arbeitsbuch gehen ans Eingemachte. Willst du die konkreten Schritte, die dir dieses Buch vorschlägt, auch wirklich in die Tat umsetzen, brauchst du Menschen, die sich mit dir auf den Weg machen. Suche dir also unbedingt ein Team zusammen, das Wandererfahrung hat! Das kann ein Coach oder Mentor sein, das kann eine Selbsthilfe- oder Kleingruppe sein oder das können Freunde und Freundinnen sein, die sich mit dir auf den Weg machen wollen. Bei der Auswahl deiner Weggefährten solltest du lediglich auf folgende Kriterien achten:

Kriterium Nummer eins – Vertrauen

Könnt ihr einander so vertrauen, dass ihr die metaphorischen Hosen herunterlassen und 100 Prozent ehrlich voreinander werden könnt?

Kriterium Nummer zwei – Verbindlichkeit

Lebt ihr Verbindlichkeit? Sprich: Trefft ihr euch in regelmäßigen Abständen, um euch über Fortschritte und Rückschläge auszutauschen? Gebt euren Aussteigerdates absolute Priorität und tragt sie dick und fett in euren Timer ein. Falls ihr einen Termin nicht einhalten könnt, meldet euch rechtzeitig ab, und das *immer* mit Grund!

Kriterium Nummer drei – Pornopolizeistatus

Habt ihr, was es braucht, um Pornopolizei zu spielen? Soll heißen: Gebt ihr euch gegenseitig das Recht, Fragen zu stellen, in euer Leben hineinzusprechen und euch, wo nötig, immer wieder neu in den Hintern zu treten?

Noch ein Wort für all diejenigen, die in einer Partnerschaft leben: Bitte überwinde deine Angst und werde ehrlich zu deinem Partner oder deiner Partnerin. Lasse ihn oder sie wissen, dass du Pornos konsumierst und jetzt einen Weg heraus suchst. Auch wenn dir das sehr schwerfällt, nehme ihn oder sie unbedingt mit hinein in deine Situation. Wenn du dich ernsthaft auf diese Wanderung machen willst, kannst du es dir nicht leisten, irgendetwas zu verheimlichen. Die nächsten Monate werden sehr herausfordernd und du brauchst die Freiheit, mit offenen Karten spielen zu können – wenn dein Partner oder deine Partnerin dem zustimmen. Wie detailliert ihr dann letztlich von deiner Wanderung redet und inwieweit er oder sie euren Weg unterstützen darf, müsst ihr vorher miteinander absprechen und wirklich gut geklärt haben.

Wandern mit Karte – Meine Wegweiser

Um auf deiner Wanderung die Orientierung nicht zu verlieren, brauchst du natürlich eine Karte. Die Wanderkarte, die dich durch deine Pornoaussteigerwanderung führt, hat immer wieder Wegweiser. Das heißt, verschiedene Wegmarkierungen bieten dir unterschiedliche Möglichkeiten, um den Berg zu bezwingen. Folgende sechs Wegweiser werden dir auf deiner Wanderung immer wieder begegnen:

Wissenswert

Dieser Wegweiser bietet dir Startimpulse und wesentliche Grundlagen für die einzelnen Etappenziele. Auch findest du hier die nötigen theoretischen Hintergrundinformationen, um dein Pornoverhalten zu reflektieren. Diesen Baustein kannst du sehr gut für dich alleine nutzen. Du kannst dich natürlich aber auch mit deinen Wandergefährten darüber austauschen.

Nachdenklich

Wie der Blick in einen Spiegel hilft dir dieser Wegweiser, dich selbst zu erkennen. Hier findest du herausfordernde Fragen, die dir als Impuls dienen sollen, dich mit dir allein auseinanderzusetzen. Nimm dir dafür am besten etwas Zeit, gönne dir einen Kaffee, ein Bierchen oder ein Glas Wein, um in aller Ruhe deine Gedanken zu sortieren und deine Einstellungen, Erfahrungen und Erlebnisse zu reflektieren.

Wenn du das Arbeitsbuch gemeinsam mit anderen durchgehst, bereitet euch mit diesem Wegweiser auf eure Treffen vor und nutzt eure Erkenntnisse als Gesprächsgrundlage.

Gesprächig
Mithilfe dieses Wegweisers könnt ihr das Nicht-Thema Pornografie wie selbstverständlich zum Thema machen. Hier geht es darum, dass ihr voreinander ehrlich werdet, Meinungen und Ängste austauscht, Erfahrungen weitergebt, neue Erkenntnisse gewinnt und voneinander lernt.

Aktiv
Dieser Wegweiser fordert dich heraus, praktisch zu werden und deine Erkenntnisse in die Tat umzusetzen. Denn ohne konkrete Schritte und Real-Life-Erfahrungen bleibt alles, was du in diesem Buch liest, bloße Theorie. Du verpasst die Veränderungskraft, die freigesetzt wird, wenn du das, was du hörst und weißt, nicht anwendest. Die Bibel findet ganz klare Worte dazu, wie wichtig es ist, zu tun, was man hört:

> Allerdings genügt es nicht, seine Botschaft nur anzuhören; ihr müsst auch danach handeln. Alles andere ist Selbstbetrug! Wer Gottes Botschaft nur hört, sie aber nicht in die Tat umsetzt, dem geht es wie einem Mann, der in den Spiegel schaut. Er betrachtet sich, geht wieder weg und hat auch schon vergessen, wie er aussieht. Ganz anders ist es dagegen bei dem, der nicht nur hört, sondern immer wieder danach handelt. Er beschäftigt sich gründlich mit Gottes Gesetz, das vollkommen ist und frei macht. Er kann glücklich sein, denn Gott wird alles segnen, was er tut.
> *Jakobus 1,22-25, HFA*

Noch ein letzter Tipp: Erzähle unbedingt deinen Wegbegleitern davon, wo du gerade dabei bist, eine Sache umzusetzen und Schritte zu gehen. Sage ihnen auch, bis wann du dir vorgenommen hast, damit durch zu sein, und gib ihnen die Erlaubnis, immer wieder nachzufragen und dir, wo nötig, in den Hintern zu treten. Als echte Weggefährten könnt ihr euch so immer wieder dabei unterstützen, dranzubleiben, eure Vorhaben zu verwirklichen und das nächste Etappenziel zu erreichen.

Göttlich

Das Alleinstellungsmerkmal des christlichen Glaubens lässt sich in einem Wort auf den Punkt bringen: Beziehung. Diese Beziehung zwischen dir und Gott ist genau das, worum es bei diesem Wegweiser geht. Hier erwarten dich Gedanken aus der Bibel, die dir auf deiner Pornoaussteigerwanderung eine göttliche Perspektive mitgeben. Genauso kannst du aber auch ganz praktisch werden und anfangen, mit Gott über Porno, Sex und Sonstiges zu reden. Mag sein, dass es schräg klingt, Gott in diesen Bereich deines Lebens hineinzulassen. Doch genau das ist es, was er sich wünscht – mittendrin zu sein in all dem, was dich und dein Leben ausmacht. Deshalb, ganz egal, wo auf deiner geistlichen Reise du gerade stehst, probier es einfach aus! Fange an, auch vor Gott die metaphorischen Hosen herunterzulassen, und dann höre in dich hinein und nimm wahr, was sich in dir tut. Fakt ist: Du kannst Gott nicht schockieren, er weiß eh schon alles über dich! Deshalb mach dich locker und entdecke die Möglichkeiten eines kindlichen Glaubens ganz spielerisch.

Gelernt

Dieser Wegweiser fasst die Kerngedanken des jeweiligen Kapitels kurz und prägnant zusammen. Genauso kannst du darin deine Erkenntnisse, die du aus dem Kapitel mitnehmen willst, festhalten und sie als deine persönlichen Aha-Erlebnisse überall mit hinnehmen.

KAPITEL 2

Am Fuß des Berges

Wissenswert – Der Aufstieg kann beginnen

Es ist wie bei jeder Wanderung: Sie fängt am Fuß des Berges an. Vor dir ragt der Berg namens »Pornoausstieg« überdimensional groß in die Höhe. Er wartet geduldig darauf, dass du ihn bezwingst, dass du seine unzähligen Höhenmeter Schritt für Schritt überwindest. Er fordert dich heraus, dass du an deine Grenzen gehst, dass du alles gibst und über dich selbst hinauswächst. Er will dich verunsichern, einschüchtern und dir einreden, dass du es niemals schaffst, dass du dein Ziel niemals erreichen wirst. Doch es ist wie bei jeder Wanderung: Du gehst los. Einen Schritt nach dem anderen, Höhenmeter um Höhenmeter. Du schaust nicht zurück, du siehst nur auf das, was direkt vor dir liegt. Ab und zu machst du eine Pause, um zu verschnaufen und die Weite des Horizonts für einen kurzen Moment zu genießen. Je höher du kommst, desto mehr scheint dich deine Kraft zu verlassen. Beinahe willst du schon auf den heiligen Gipfelmoment verzichten und einfach aufgeben. Doch du feuerst dich neu an, gehst noch einmal an deine Grenzen und dann, irgendwann, nach Zillionen von Schritten siehst du ihn: den Gipfel, das lang ersehnte Ziel. Du nimmst deine letzten Reserven zusammen und mit einem Mal stehst du da, ganz oben, in Schweiß gebadet, völlig erschöpft. Doch der Ausblick ist atemberaubend, die Welt liegt dir zu Füßen, ein Gefühl von Freiheit breitet sich aus, nimmt dich ganz ein. Lebensfreude steigt in dir auf, von hier oben siehst du alles ganz klar, von hier oben eröffnet sich Perspektive und du weißt, du kannst alles schaffen, du kannst dein Leben meistern und jede Hürde nehmen. Denn du bist oben angekommen! Du hast den Berg bezwungen!

Ungefähr das erwartet dich, wenn du dich heute auf den Weg machst, um den Berg namens »Pornoausstieg« zu bezwingen. Denn mit deinem Pornoausstieg ist es wie mit jeder Wanderung: Du stehst am Fuß des Berges und machst den ersten Schritt, ohne sicher sagen zu können, ob du jemals oben ankommst. Dieser Berg, der vor dir liegt, fordert dich heraus und schüchtert dich ein. Er konfrontiert dich mit Fragen über dich selbst. Fragen, die tiefer gehen, die richtig ans Eingemachte gehen. Er führt dich zu den Abgründen deiner heimlichen Lust und bringt dich an deine Grenzen. Immer wieder neu bist du kurz davor, aufzugeben. Doch immer wieder neu überwindest du dich und gehst weiter. Denn mit jedem Schritt eröffnet sich eine neue Aussicht, entdeckst du neue Wahrheiten und andere Perspektiven, findest du mehr zu dir selbst. Auf deinem Weg nach oben wirst du sehr schnell eines merken: Der Berg namens »Pornoausstieg« bietet dir keine Pauschalantworten, Patentrezepte und Einweglösungen. Denn es geht bei dieser Wanderung um *dich* und *deine* Erfahrungen. Erfahrungen, die du in deiner Vergangenheit gemacht hast oder auch bis heute machst. Erfahrungen, die dein Bild von dir selbst und von anderen entscheidend beeinflusst haben. Erfahrungen, die das Bild von Gegenwart und Zukunft, so wie du sie dir ausmalst, zutiefst geprägt haben. Und es geht in all dem auch um *dich* und *deine* Entscheidungen. Entscheidungen, die du gestern getroffen hast, die du heute triffst, jeden Tag neu, bewusst oder unbewusst. Entscheidungen, die den Menschen, der du heute bist und morgen sein wirst, formen. Entscheidungen, die, ob du es willst oder nicht, Auswirkungen haben auf dein Heute *und* dein Morgen: auf das Erleben deiner Sexualität, auf die Qualität deiner Beziehungen und damit letztlich auf dein Leben.

Die Wanderung, auf die du dich heute begibst, ist dein persönlicher Ausstieg aus der Pornografie. Sie wird dich zurückführen zu den Ursachen und Sehnsüchten hinter deinem Pornoverhalten. Sie wird dich mit hineinnehmen in die Konsequenzen für dich und dein Leben. Und sie wird dich weiterführen auf den Gipfel, um dort eine Perspektive zu finden, die dir Hoffnung macht. Die Hoffnung, dass Veränderung möglich ist und du sie Schritt für Schritt erleben kannst.

Es ist wie bei jeder Wanderung: Sie fängt am Fuß des Berges an. Du hältst deinen Wanderführer in der Hand und hast dich entschieden, den Berg zu erklimmen.

Jetzt heißt es einfach losgehen. Der Berg ruft!

Nachdenklich – Meine ersten Schritte

Schritt 1: Warum mach ich das alles eigentlich?

Was ist meine Motivation? Warum will ich mich auf dieses Abenteuer einlassen und diesen Berg bezwingen?

Schritt 2: Was soll am Ende für mich herausspringen?

Was erwarte ich von dieser Wanderung? Was ist mein Ziel? Was will ich erleben, damit ich sagen kann, alle Anstrengung hat sich gelohnt?

Schritt 3: Wo stoße ich auf inneren Widerstand?

Welche Sorgen, Bedenken und Ängste kommen auf, wenn ich an den Weg denke, der vor mir liegt?

Gesprächig – Wie wird wohl der Ausblick sein?

Redet darüber, was euch am Gipfel erwartet! Malt ein Bild von dem, was ihr von oben aus sehen wollt! Die folgenden Fragen können euch als Anregung helfen, um euch gedanklich zu fokussieren! Und vergesst nicht: Werdet so kreativ und konkret wie möglich, es gibt kein Richtig oder Falsch!
Wie wird es sein, wenn ihr diesen Berg einmal bezwungen habt? Wie wird es sich anfühlen, oben zu stehen und euer persönliches Ziel erreicht zu haben? Inwiefern wird diese Wanderung euer Leben zum Positiven verändern? Was könnt ihr jetzt schon Gutes sehen?

Aktiv – Der Berg ruft!

Am Anfang deiner Wanderung werde aktiv und steige auf einen Berg – egal, ob du dafür auf den Olympiaberg in München gehst oder einen Tag in die Alpen fährst oder aber die Treppen des Berliner Fernsehturms hochsteigst. Wichtig ist nur, dass du dich in Bewegung setzt und einen Berg bezwingst, also nicht die Gondel oder den Aufzug nimmst. Einmal oben, genieße die Aussicht und sauge die Weite und das Lebensgefühl in dich auf. Ob du diese Aktion alleine durchziehst oder du deine Weggefährten zusammentrommelst und ihr euch gemeinsam aufmacht, bleibt völlig dir beziehungsweise euch überlassen.

Göttlich – Der Gott, der mit dir ist

So wie du heute am Fuß deines Berges namens »Pornoausstieg« stehst, stand auch einmal ein Hirte namens Mose am Fuß eines Berges. Der Berg, vor dem er stand, hatte den wenig verheißungsvollen Namen »Horeb«, was so viel wie »Ödland« oder »Wüstengebiet« bedeutet. In diesem öden Setting also begegnet Mose zum ersten Mal in seinem Leben dem Gott seiner Vorfahren, von dem er zwar schon so einiges gehört, den er bis dahin aber noch nie live und direkt erlebt hat. An diesem Tag jedoch, am Fuß des Berges, erlebt Mose diesen Gott zum ersten Mal in seinem Leben – und das zugegebenermaßen auf ziemlich spektakuläre Weise als Stimme aus einem brennenden Dornbusch. Und diese Stimme gibt ihm einen klaren Auftrag: »Geh, ich sende dich zum Pharao, dem mächtigsten Mann der damaligen Zeit, damit du mein Volk, die Israeliten, die er sich als Sklaven hält, aus der Gefangenschaft führst.« Das nenne ich mal eine abenteuerliche Ansage. Eine Ansage, die diesen Mann aber so überfordert, dass Zweifel in ihm laut werden: »Wer bin ich schon, dass der Pharao mich ernst nimmt? Wer bin ich schon, dass ich ein ganzes Volk anführen soll? Wer bin ich schon, dass ich all das schaffen kann? Dieser Auftrag, dieser Berg vor mir ist mehr als eine Nummer zu groß für mich! Ich kann das nicht. Und nicht nur das, aber, ganz ehrlich, Gott, ich mach mir vor Angst fast in die Hose.« So fühlt sich Mose, als er am Fuß seines Berges steht und seine Einwände direkt zu Gott bringt. Und was macht dieser Gott mit Moses Bedenken? Lacht er ihn aus und sagt: »Jetzt stell dich nicht so an, Mose! Komm schon, sei ein echter Mann!«? Winkt er ab und gesteht: »Stimmt, du hast ja recht, ist mein Fehler, du schaffst das nicht!«? Nein! Gott sieht ihn mit all seiner Angst und Überforderung, nimmt ihn ernst und macht ihm Mut. Er gibt ihm die Zusage, die er braucht, um sich auf dieses Abenteuer einzulassen. Ein Versprechen, das ungefähr so lautet: »Ich werde mit dir sein! Und zwar so, wie ich auch schon mit deinen Vorfahren war, denn ich bin, der ich bin! Ich bin der Gott, der ich schon immer war und für immer sein werde. Ich halte meine Versprechen, ich lasse dich all das nicht alleine machen. Du kannst mir vertrauen und du wirst mich auf diesem Weg erleben. Und dann wirst du mich nicht länger nur vom Hörensagen kennen, sondern wissen, wer ich wirklich bin!« Gott fordert Mose an diesem Tag auf, sich auf das spektakuläre Abenteuer einzulassen, ihm zu vertrauen, ohne dass er ihn sieht. Ihm, im wahrsten Sinne des Wortes, blind zu vertrauen und ihn mit jedem Glaubensschritt besser kennenzulernen.

Dieser Gott, dem Mose damals am Fuß des Berges Horeb zum ersten Mal begegnet ist, macht auch dir heute am Fuß deines Berges ein Verspechen: »Ich sehe dich mit all deinen Ängsten, mit dem Gefühl von Überforderung, mit all deiner Scham und deinen Zweifeln. Und ich nehme dich ernst und stelle mich zu dir! Ich werde mit dir sein auf diesem Weg! Ich werde dich führen und den Weg aus der Pornografie mit dir gehen! Ich lass dich das nicht alleine machen! Ich lass dich nicht im Stich! Vertraue mir und du wirst erleben, dass ich bin, der ich war, der ich bin und der ich für immer sein werde.«

Der Beginn deiner Wanderung kann, wenn du es möchtest, auch der Anfang einer geistlichen Entdeckungsreise sein. Ganz egal, wo du mit Gott stehst, was du bisher von ihm hältst oder mit ihm erlebt hast, ob du ihn gut, schlecht oder bisher gar nicht kennst, Gott macht dir heute das Angebot, ihm zu vertrauen – ob zum ersten Mal oder wieder ganz neu. Es ist ein Angebot, das dir persönlich für alle Zeiten gilt und für das du nichts tun musst, außer es anzunehmen. Diese Entscheidung kannst du, wenn du das möchtest, am Fuß deines Berges namens »Pornoausstieg« treffen. Sag Gott dafür einfach, dass du dich für sein Angebot entscheiden willst. Wenn es dir schwerfällt, die »richtigen« Worte zu finden, kannst du einfach folgendes Gebet sprechen.

»Ja, Gott, ich will! Ich will deine Hand nehmen und dir vertrauen! Und ich will erleben, wer du wirklich bist. Ich will dich in den nächsten Wochen auf dieser Wanderung Schritt für Schritt kennenlernen. Und ja, Gott, dafür brauche ich deine Hilfe, weil, ehrlich gesagt, fällt es mir extrem schwer, dir zu vertrauen, weil erstens sehe ich dich nicht und zweitens ist das, was ich bisher über dich geglaubt und gelernt habe, nicht gerade vertrauenswürdig! Aber wenn du anders bist, wenn du wirklich vertrauenswürdig bist, dann zeige es mir und überzeuge du mich in den nächsten Tagen und Wochen. Dann schenke mir meinen persönlichen Gottesbeweis, das, was ich brauche, um zu glauben, dass es dich wirklich gibt und du mich ganz persönlich meinst. Amen.«

Gelernt – Was nehme ich mit?

- Der Berg namens »Pornoausstieg« wird dich mit Fragen über dich selbst und den Abgründen deiner heimlichen Lust konfrontieren.
- Du wirst keine Pauschalantworten, Patentrezepte und Einweglösungen finden, denn es geht um *dich,* *deine* Erfahrungen und *deine* Entscheidungen.
- Du triffst bewusst und unbewusst Entscheidungen auf Basis deiner Erfahrung.
- Diese Entscheidungen beeinflussen dein Heute und dein Morgen.
- Mit jedem Schritt werden sich neue Fragen stellen, andere Perspektiven auftun und du wirst erleben, dass Veränderung möglich ist.
- In all dem verspricht dir Gott: »Ich bin mit dir und werde dich führen!«

Was nehme ich mit?
Was ist mir in diesem Kapitel besonders wichtig geworden?

Was waren meine persönlichen Aha-Erlebnisse?
Welche Erkenntnisse habe ich gewonnen?

Welche Fragen stellen sich mir jetzt neu?

KAPITEL 3

Etappenziel I

Wissenswert – Mein Pornodrama einschätzen

Pornografie – wörtlich das Schreiben über Huren. Oder auch: Die explizite Darstellung von Geschlechtsteilen, in irgendeiner Weise beim sexuellen Akt vereint.[2] Auf Beamtendeutsch klingt das dann folgendermaßen:

> Als pornografisch ist eine Darstellung anzusehen, wenn sie unter Ausklammerung aller sonstigen menschlichen Bezüge sexuelle Vorgänge in grob aufdringlicher, anreißerischer Weise in den Vordergrund rückt und ihre Gesamttendenz ausschließlich oder überwiegend auf das lüsterne Interesse des Betrachters an sexuellen Dingen abzielt.[3]

Pornografie reduziert. Reduziert Menschen auf bestimmte Körperteile. Reduziert eine unendliche Vielfalt an Emotionen, Gedanken und komplexen Wahrnehmungen auf ein einziges Gefühl: die Lust. Zugegeben, ein sehr mächtiges, schier unkontrollierbares Gefühl, das unser Denken und Handeln mehr beeinflusst, als man es bei vernunftbegabten Wesen für möglich halten sollte. Belegt wurde dies bereits im Jahr 2001, als George Loewenstein und Dan Ariely eine wissenschaftliche Studie an der Universität Berkeley durchführten. Sie kommen dabei zu folgendem Ergebnis:

> Selbst der intelligenteste, rationalste Mensch scheint unter dem Einfluss starker Emotionen ein vollkommen anderer zu sein, als er zuvor glaubte. Und die Leute schätzen sich nicht nur falsch ein – sie schätzen sich extrem falsch ein. [...] Der Zustand sexueller Erregung ist uns vertraut, sehr menschlich und vollkommen alltäglich. Dennoch unterschätzen wir alle regelmäßig, in welchem

Maß sexuelle Erregung unser Über-Ich negiert und dann Emotionen unser Verhalten steuern können.[4]

Emotionen haben die Macht, unser Verhalten zu steuern. Die Verteilung der Machtverhältnisse fällt dabei folgendermaßen aus: Je stärker die Emotion, desto höher die Macht, die sie ausspielen kann, desto stärker also der Einfluss, den sie auf unser Handeln hat. Wenn uns übermächtige Gefühle im Griff haben, haben wir uns selbst nicht mehr unter Kontrolle. Plötzlich verschwimmen die Grenzen von Richtig und Falsch, von Gut und Schlecht, von Wichtig und Unwichtig. Plötzlich werfen wir Überzeugungen über Bord und werden blind für das, was wir eigentlich glauben. Plötzlich werden wir zu Menschen, von denen wir bisher nicht wussten, dass es sie gibt.

Eines dieser Gefühle, die uns kontrollieren können, heißt Lust. Wenn sie von Zeit zu Zeit über uns kommt, sind wir ihr scheinbar ohnmächtig ausgeliefert. Dann können wir irgendwie nicht anders, als ihrem ungeduldigen Drängen nachzugeben und ihren Hunger mit einem kurzen Klick zu stillen. Und plötzlich stecken wir wieder mittendrin im Kreislauf der Lust: Denn ganz egal, wie viele Pornos auch immer wir schauen, ihr Hunger ist niemals endgültig befriedigt. Ganz im Gegenteil, denn mit jedem Mal Porno füttern wir das Tier der Lust in uns noch mehr, sodass es stärker und stärker wird. Und irgendwann schauen wir dann Dinge an, von denen wir niemals für möglich gehalten hätten, dass wir sie jemals anschauen würden. Irgendwann denken und tun wir dann Dinge, die wir eigentlich nicht wollen. Irgendwann verlieren wir, wie wir ursprünglich einmal leben und wer wir ursprünglich einmal sein wollten.

Genau diese Erfahrung musste auch Kathi machen, die mit Anfang 20 hochgradig pornosüchtig war.[5] In der Hochphase ihres Pornokonsums musste sie sich, um Lust zu empfinden, Dinge ansehen, vor denen sie sich unter normalen Umständen geekelt hätte. Warum das so ist, erklären neurobiologische Erkenntnisse zu süchtigem und damit auch pornosüchtigem Verhalten wie folgt: Pornografische Bilder haben eine für den Konsumenten positive Wirkung, denn sie lassen ihn die Realität kurzzeitig vergessen und beruhigen damit das limbische System. Von Mal zu Mal speichert das Gehirn diesen erleichternden Effekt, es lernt dazu, bildet entsprechend neue Synapsen und baut bereits vorhandene synaptische Verbindungen weiter aus. Das Gehirn stellt damit sicher, dass die Information in Zukunft noch zielsicherer zu den entsprechenden Nervenzellen gelangt, dass sich die Wirkung noch schneller einstellt. Das erleichternde Hochgefühl stellt sich noch unmittelbarer ein, sobald die Sucht bedient wird. Umgekehrt erschwert diese neuronale Veränderung aber auch, dass ähnlich intensive Gefühle der Glückseligkeit über andere Wege erlebbar werden. Zu schnell und einfach ist es, die bereits breit ausgebauten Gehirnautobahnen zu nutzen, um zum Ziel zu kommen. Im Laufe der Zeit entsteht auf diese Weise ein Suchtverhalten, denn der Pornokonsument gewöhnt sich an die immer selben Reize. Ab sofort braucht er, so wie es auch bei Kathi der Fall war, eine höhere Dosis, einen stärkeren Reiz, um den gleichen beruhigenden, schmerzstillenden Effekt im Gehirn zu erzielen.[6]

Klingt ja alles ziemlich dramatisch! Klingt, als würde Porno uns zu lustgetriebenen Zombies machen. Klingt, als wäre Porno eine nukleare Katastrophe, eine Art Tschernobyl für unsere Identität. Aber stimmt das denn überhaupt? Ist die Sache mit den Pornos wirklich so dramatisch? Und noch viel wichtiger: Wie dramatisch ist die Sache mit den Pornos denn für dich? Wie erlebst du die Macht der Pornografie in deinem eigenen Leben? Genau das wirst du jetzt, am ersten Etappenziel deiner Wanderung, herausfinden!

Nachdenklich – Das Drama mit den Pornos!

Schritt 1: Schätze dich selbst ein!
Wie pornoaktiv bist du?

---
gar nicht   sehr selten   selten   ab und zu   häufig   sehr häufig

Wie stark, glaubst du, haben Pornos deine Bilder und Einstellungen über dich, über Sex sowie über andere Männer und Frauen geprägt?

---
schwach   mittel   stark

Warum?

Schritt 2: Was verbinde ich mit Pornos?
Welche Begriffe, Gedanken, Erlebnisse, Emotionen, Bilder oder Vorstellungen kommen dir spontan in den Sinn, wenn du das Wort »Porno« hörst? Schreibe sie hier spontan, ohne groß darüber nachzudenken, auf. Das Wichtigste bei all dem ist: Kenne keine Tabus! Alles, was dir hier einfällt, ist erlaubt! Lass alles raus, ohne dich zu schämen oder in irgendeiner Weise zu werten!

Schritt 3: Welches Gefühl steckt dahinter?
Jetzt nimm deine Gedanken einmal etwas genauer unter die Lupe. Nimm zwei verschiedenfarbige Stifte und markiere deine Aussagen folgendermaßen:

Farbe 1 = fühlt sich gut an. Klingt nach Spaß und Freiheit, weckt Neugierde, verspricht sexuelle Bedürfnisbefriedigung für Mann und Frau.

»Wenn ich bei Porno an das denke, dann weckt das meine Neugierde. Ich kann mir sehr gut vorstellen, dass es mir Spaß machen wird, das selbst einmal auszuprobieren. So fühlt sich Sex für Mann und Frau maximal gut an.«

Farbe 2 = fühlt sich schlecht an. Löst Unsicherheit, vielleicht sogar Ekel oder Angst aus, bereitet mir Bauchschmerzen und Kopfzerbrechen.

»Wenn ich an diese Aspekte von Porno denke, dann finde ich das ekelig und etwas beunruhigend. Muss mein Sex wirklich so aussehen, damit er mir und meinem Partner Spaß macht? Irgendwie verunsichern mich diese Porno-Assoziationen. So fühlt sich Sex weder für Mann noch für Frau gut an.«

Schritt 4: Wie interpretiere ich mein Pornodrama?

Was fällt dir auf, wenn du dein Pornodrama so ansiehst? Welche Farbe überwiegt? Warum? Was sagt dir das?

Schritt 5: Pornos haben Macht – wirklich?

Was spricht deiner Meinung nach dafür, dass Pornografie Macht auf Menschen auswirkt? Was spricht dagegen? Warum?

Welche Macht übt Pornografie über dich aus? Wie stark, glaubst du, hat dein Pornokonsum dich unter Kontrolle?

---

gar nicht   je nach Umständen und Tagesform   voll und ganz

Hast du dir schon einmal etwas angeschaut, für das du dich im Nachhinein schämst? Wenn ja, was war das? Inwieweit haben Pornos dein Verhalten geprägt und dich vielleicht sogar verändert?

Wie groß ist zurzeit dein Wunsch, auf Pornos zu verzichten?

---

schwach　　　　　　　　mittel　　　　　　　　　　stark

Warum?

Wie stark bist du davon überzeugt, dass du mit deinem Pornokonsum aufhören kannst?

---

gar nicht　　je nach Umständen und Tagesform　　voll und ganz

Warum?

Gesprächig – Ist es wirklich so dramatisch?

Das Drama mit den Pornos!

Tauscht euch darüber aus, wie ihr die Sache mit den Pornos so seht! Habt dabei auch den Mut, unterschiedlicher Meinung zu sein. Wichtig ist nicht, dass ihr euch einander maximal anpasst und miteinander übereinstimmt, sondern dass ihr euch den Raum gebt, ehrlich zu werden, ohne einander zu verurteilen! Bei eurem Meinungsaustausch könnt ihr euch an folgenden Fragen orientieren:

Wie dramatisch schätzt ihr die Lage ein? Welche Spuren konntet ihr auf den ersten Blick in eurem eigenen Leben entdecken? Gibt es etwas, das euch in der Auseinandersetzung mit dem Thema aufregt, verunsichert oder sogar Angst macht? Gibt es etwas, wofür ihr euch schämt? Erinnert ihr euch an ein Erlebnis oder eine Erfahrung, die euch verletzt hat oder die ihr bereut?

Aktiv – Einen Monat Porno pur!

Bevor du loslegst ...

Alles Reflektieren und Diskutieren bleibt bloße Theorie und geht schnell wieder verloren, wenn wir nicht aktiv werden und etwas davon in unseren Alltag übertragen. Darum schlage ich dir ein Experiment vor: Fang an, die kommende Woche eine Art persönliches Pornowandertagebuch zu führen.

Bevor du jetzt gleich auf die Barrikaden gehst, weil dir das zu aufwendig, zu unsexy oder zu unmännlich oder oder oder ist, will ich dir kurz den Gedanken hinter dem Gedanken erklären: Ziel dieses Buchs ist nicht, dass du mehr Diskussionsgrundlage hast, um deine Standpunkte zu verteidigen oder die Meinungen anderer auseinanderzunehmen. Vielmehr geht es darum, dass sich, was deinen

Pornokonsum angeht, Schritt für Schritt etwas in dir und deinem Leben verändert. Dazu ist es nötig, dass du lernst, dich sehr gut zu beobachten und zu reflektieren. Du wirst deine Pornogewohnheiten in der nächsten Zeit mehr und mehr unter die Lupe nehmen. Damit du all deine Erkenntnisse, Einstellungen und Erfahrungen maximal für dich nutzen kannst, macht es durchaus Sinn, sie aufzuschreiben.

Heißt für dich: Fange an, zu dokumentieren, was du erlebst, und halte fest, was in dir und um dich vor sich geht. Wie du das machst, ob schriftlich oder mit Audio- oder Videotagebuch, bleibt dir überlassen. Auch was genau du dabei festhältst, ist deine Sache. Wichtig ist nur, dass du anfängst, Buch zu führen, und zwar *ab sofort*.

Einen Monat Porno pur – Lebe dein Pornodrama

Je nachdem, welche Gewohnheiten du dir in Sachen Pornografie bisher antrainiert hast, fällt dieser Actionstep sehr unterschiedlich aus. Die nächsten vier Wochen geht es deshalb erst einmal nur darum, dass du rein gar nichts an deinem Pornokonsum änderst. Wenn du bisher dreimal die Woche Pornos schaust, dann schau auch weiterhin dreimal Pornos. Wenn du einmal im Monat Pornos schaust, dann schau in diesem Monat einen Porno. Lass einfach alles beim Alten. Denn auf dem ersten Etappenziel deiner Wanderung geht es nicht darum, dass du sofort mit deinen Gewohnheiten aufhörst. Ganz im Gegenteil, du darfst dir die Freiheit nehmen, wie gehabt Pornos zu schauen. Wenn du in einer Partnerschaft lebst, sollte lediglich dein Partner oder deine Partnerin von deinem Selbstexperiment wissen.

Ein Selbstexperiment wäre nun aber kein Selbstexperiment, wenn du dabei nicht auch etwas über dich selbst herausfinden würdest. Genau deshalb stehen die nächsten vier Wochen unter dem Motto: Lebe dein Pornodrama, nicht einfach zum Spaß, sondern um daraus zu lernen! Heißt also: du wirst anfangen, dich und dein Pornoverhalten mit Argusaugen zu beobachten. Konkret sieht das so aus, dass du nach jedem Pornoanfall dein Pornowandertagebuch nimmst und mithilfe einiger Fragen reflektierst, was passiert ist und was du daraus über dein Pornoverhalten lernst. Genauso kannst du aber auch die pornofreien Tage nutzen, um dich zu beobachten und zu analysieren!

Einen Monat Porno pur – Analysiere dein Pornodrama

Wann? Wo? Wie oft? Was habe ich mir angeschaut? Wie viel Zeit habe ich effektiv dafür aufgewendet?

Wie kam's? Wie war meine Grundstimmung? Wie ging's mir vorher? Wie fühlte ich mich geistig, seelisch, körperlich? Was hat den Gedanken an Pornos ausgelöst? Was war der Gedanke?

Wie bin ich mit dem Gedanken umgegangen? Bin ich ihm nachgegangen oder nicht? Habe ich mich dafür verurteilt? Konnte ich ihn annehmen, aber musste ihm nicht nachgeben? Wenn ja, was hat mir dabei geholfen?

Wie bewerte ich es für mich selbst, dass ich diesen Gedanken hatte? Wie geht es mir damit?

War ich mit pornografischen Inhalten und Sexualität konfrontiert? Wenn ja, wo? Was hat das mit mir gemacht? Wie bin ich damit umgegangen? Hab ich in dem Moment Entscheidungen gefällt und wenn ja, welche?

Wie waren die äußeren Umstände: Hab ich genug geschlafen? Hab ich genug gegessen? Wie geht's im Beruf? Wie laufen meine Beziehungen? Wie geht es mir momentan mit mir selbst und meinem Leben? Wie geht es mir mit meinem Glaubensleben, wenn vorhanden?

Wie ging es mir danach? Wie habe ich mich gefühlt?

Was habe ich daraus heute über mich persönlich gelernt?

Für die pornofreien Tage

Was war heute anders? Warum habe ich heute keine Pornos geschaut? Wie ging es mir damit? Wie habe ich mich gefühlt? Was habe ich daraus heute über mich persönlich gelernt?

Heute schon einen Haken gesetzt?

Wenn du dir deine Fragen schriftlich beantwortet hast, setze jeden Tag einen Haken in die unten stehende Tabelle! So machst du die Fortschritte deines Selbstexperiments täglich sichtbar und weißt, wo du gerade stehst!

	Tag 1	Tag 2	Tag 3	Tag 4	Tag 5	Tag 6	Tag 7
Woche 1							
Woche 2							
Woche 3							
Woche 4							

Einen Monat Porno pur: Mein Fazit

Am Ende deines Selbstexperiments schau zurück und zieh dein persönliches Fazit: Hab ich ausreichend von meiner Freiheit, Pornos zu konsumieren, Gebrauch gemacht? Habe ich mehr oder weniger Pornos als gewöhnlich geschaut? Warum? Wie war das für mich?

Welche neuen Erkenntnisse habe ich die letzten vier Wochen über mich und mein Pornoverhalten gewonnen?

Wie geht es mir jetzt? Wie fühle ich mich am Ende meines Pornopur-Selbstexperiments?

Welche Fragen haben sich daraus neu für mich ergeben?

Einen Monat Porno pur: Wo stehe ich jetzt?

Mach am Ende des ersten Etappenziels deiner Wanderung noch einmal einen Check: Wie groß ist zurzeit dein Wunsch, auf Pornos zu verzichten?

---

schwach　　　　　　　　mittel　　　　　　　　stark

Warum?

Wie stark bist du davon überzeugt, dass du mit deinem Pornokonsum aufhören kannst?

---

gar nicht   je nach Umständen und Tagesform   voll und ganz

Warum?

Göttlich – Der Gott, der für dich ist

Ich weiß nicht, wie du dich während der vergangenen Wochen deines Selbstexperiments so gefühlt hast. Vielleicht ist es dir 100 Prozent leichtgefallen, einfach einmal ohne schlechtes Gewissen Pornos zu schauen, weil, was ist denn schon dabei? Vielleicht ist es dir aber auch nicht ganz so leichtgefallen, diese innere Stimme deines Gewissens auf leise zu stellen, und so hat sie dich nach jedem Pornoanfall unablässig mit Anklagen, Selbstzweifeln und anderen Vorwürfen bombardiert. Und vielleicht hast du auch, je nachdem, welche Rolle der Gottfaktor in deinem Leben spielt, das Gefühl, dass dieser Gott mit einem Versager wie dir sowieso nichts anfangen kann! Weil – welcher Gott will sich schon freiwillig mit einem Pornojunkie abgeben? Welcher heilige und vollkommene Gott kann und will sich schon freiwillig auf einen Menschen einlassen, der nicht so heilig und vollkommen ist wie er? Welcher Gott will überhaupt freiwillig etwas mit uns Menschen zu tun haben?

Gute Frage! Welcher Gott würde so etwas tun?

In der Bibel stellt sich uns ein Gott vor, der genau das getan hat. Der sich, einfach weil er es kann und will, dafür entschieden hat, sich mit uns Menschen abzugeben. Dieser Gott stellt sich uns im zweiten Teil der Bibel unter dem Namen Jesus vor. Dieser Jesus ist davon überzeugt, Gott zu kennen wie ein Sohn seinen Vater, und deshalb zu wissen, wie er wirklich ist. Und weil dieser Sohn Gottes seinen Vater offenbar sehr gut kennt, nutzt er jede Gelegenheit, um den Menschen von damals zu zeigen, wie dieser Gott wirklich ist. Und was dieser Jesus über Gott erzählt und was er selbst da vorlebt, ist so revolutionär, dass es in keine fromme Schublade passt.

Zum Beispiel erzählt einer seiner Anhänger, Matthäus, einmal davon, wie er Jesus zum ersten Mal begegnet. Die Situation ist folgende: Matthäus sitzt wie jeden Tag in seiner Zollstation. Als Zöllner ist Matthäus eindeutig die Sorte Mensch, mit der niemand etwas zu tun haben will, der auch nur ein bisschen etwas auf sich hält. Denn als Steuereintreiber lebt er gewissermaßen im gesellschaftlichen Niemandsland: Er arbeitet für die Besatzungsmacht Rom und wird von seinen Landsleuten dafür gehasst, dass er sein eigenes Volk verrät, ihnen das Geld aus der Tasche zieht und sich selbst daran bereichert! Genau diesen Halsabschneider sucht Jesus eines Tages in seiner Zollstation auf, um ihn aufzufordern, ihm nachzufolgen und sein Schüler zu werden. Heißt also, Jesus gibt diesem von allen verachteten und geächteten Menschen laut und klar zu verstehen: »Ich weiß, dass alle in dir nur den Halsabschneider sehen, aber ich sehe etwas ganz anderes in dir: Ich glaube an dich und ich weiß, wenn du mehr und mehr Zeit mit mir verbringst, wirst du dazulernen, dich weiterentwickeln und wie von selbst verändert werden. Ich weiß, dass alle dich ausschließen und dich meiden, aber ich nehme dich mit hinein in den Kreis meiner engsten Vertrauten, denn ich will, dass du dazugehörst! Ich weiß, dass alle auf dich herabschauen und dich verachten für das, was du tust. Aber ich verachte dich nicht, ich nehme dich an, und zwar so, wie du bist.« Für Matthäus stellt diese Begegnung alles, was er bisher über sich selbst und Gott glaubt, auf den Kopf. Diese Annahme, die Jesus ihm entgegenbringt, ist für den Zöllner so revolutionär, so ungewohnt, dass er außer sich ist vor Freude: »Endlich jemand, der mich als Mensch sieht mit allen guten und allen schlechten Seiten in mir. Endlich jemand, der mich nicht für meine schlechten Seiten verurteilt, sondern der mir trotzdem eine Chance gibt. Endlich jemand, der etwas in mir sieht, das ich selbst nicht einmal sehe. Endlich jemand, der tatsächlich an mich glaubt und mir etwas zutraut, das ich mir selbst nicht einmal zugetraut habe!« Matthäus ist von dieser radikalen Annahme so von den Socken, dass er erst einmal eine Party veranstaltet, auf die er Jesus und alle seine Kollegen und Freunde einlädt. Alles Menschen, die in der gesamten Stadt als Sünder verschrien sind und wegen ihres Lifestyles missachtet und gemieden werden. Mit genau diesen Menschen feiert Jesus also ein rauschendes Fest – sehr zum Ärgernis der Theologen seiner Zeit. Die sind maximal erschüttert, ja empört, als sie mitbekommen, dass sich Jesus mit Zöllnern und anderen stadtbekannten Sündern abgibt und noch dazu seinen Spaß dabei hat. Als Jesus dann davon Wind bekommt, dass diese »gottesfürchtigen« Männer sich tierisch hinter seinem Rücken aufregen, geht er auf Konfrontationskurs und knallt ihnen folgendes Statement an den Kopf: »Ich bin für die Sünder gekommen und nicht für die, die meinen, sie seien schon gut genug.« (Matthäus 9,11) Heißt also: Dieser Mann, der von sich selbst behauptet, Gottes Sohn zu sein, und Zeit seines Lebens nichts anderes tut, als Menschen vorzuleben, wie dieser Gott wirklich ist, zeigt uns einen Gott, der sich ganz bewusst auf Menschen einlässt, die so ganz anders sind als er. Menschen wie du und ich, die in ihrem Leben nicht immer alles richtig machen, die Dinge tun, auf die sie vielleicht nicht immer stolz sind. Dinge, für die sie von anderen verurteilt werden, ja für die sie sich vielleicht sogar selbst verachten.

Ich weiß nicht, was all das dir heute sagt. Aber mir persönlich sagt das: Was auch immer ich getan habe, was auch immer ich tue, dieser Gott, den Jesus mir da vorstellt, ist ein Gott, der bereit ist, Wege für mich auf sich zu nehmen, zu mir herüberzukommen – in meine Zollstation, auf meine Party, an meinen Computer. Ein Gott, der sich auf mich und mein Leben einlässt, und zwar mit allem, was dazugehört. Ein Gott, der mich nicht für das verurteilt, was ich getan habe oder tue, sondern der mich annimmt, so wie ich bin, der an mich glaubt und mir die Chance gibt, mich mit ihm an meiner Seite Schritt für Schritt weiterzuentwickeln.

Dieser Gott ist es, der dir, ganz egal, wie du dich fühlst, immer wieder entgegenkommt, dir die Hand reicht und dir sagt: »Ich sehe die Tränen deines Herzens. Ich weiß, wo du bereust, wo du dich schämst, wo du dich anklagst. Aber ich sage dir heute: Verdamme dich nicht länger, denn ich verurteile dich nicht. Ich habe dir vergeben und ich nehme dich an, so wie du bist. Ohne Bedingung, ohne Ausnahme, mit allem, was zu dir gehört. Ich liebe dich, mein Kind, genauso wie du bist! Und genau deshalb komm ich auch heute wieder zu dir rüber, mittenrein in dein Leben. Und ich gebe dir auch heute wieder eine Chance. Denn ich sehe etwas in dir, das du selbst jetzt noch nicht siehst! Ich glaub an dich und bin bereit, mit dir Wege zu gehen! Gib mir einfach nur deine Hand.«

Wenn du möchtest, kannst du am Ende von Etappenziel I genau das jetzt machen: Gott ganz bewusst die Hand geben und dir von ihm geben lassen, was du heute brauchst. Wenn es dir hilft, kannst du dafür auch folgendes Gebet zu deinem eigenen machen:

»Jesus, ich danke dir, dass du uns vorlebst, wie dieser Gott, den du mir als Vater vorstellst, wirklich ist. Ich danke dir, dass dieses Bild so anders ist, dass es einfach in keine vorgefertigte Box passt. Ich danke dir, dass du mich nicht ausschließt und meidest, sondern mir entgegenkommst und dich auf mich und meine Welt einlässt. Ich danke dir, dass du mich nicht anklagst und verurteilst, sondern mich genauso annimmst, wie ich bin – ohne Wenn und Aber. Ich entscheide mich heute, immer wieder an deiner bedingungslosen Liebe und hundertprozentigen Annahme festzuhalten, wenn die Stimmen der Anklage und Verdammnis in mir laut werden. Ich entscheide mich heute, deiner Stimme mehr zu glauben, als mir selbst und deinem Ruf für mein Leben mehr und mehr zu folgen. Danke, dass du mich auf dieser Pornowanderung begleitest und mir mehr und mehr zeigst, wie du mich wirklich siehst und was du mit meinem Leben noch vorhast. Amen.«

Gelernt – Was nehme ich mit?

- Pornografie reduziert Menschen auf Körperteile bzw. Körperöffnungen und komplexe Emotionen auf das Gefühl der Lust.
- Selbst der intelligenteste, rationalste Mensch kann unter dem Einfluss starker Emotionen ein vollkommen anderer werden.
- Pornos haben Macht.
- Sie können uns Dinge denken und tun lassen, die wir eigentlich nicht wollen.
- Sie können uns so verändern, dass wir uns selbst nicht mehr wiedererkennen.
- Jesus zeigt uns einen Gott, der uns Menschen entgegenkommt und sich mit uns abgibt, ganz egal, was wir getan haben oder immer noch tun.

Was nehme ich mit?

Was ist mir in diesem Kapitel besonders wichtig geworden?

Was waren meine persönlichen Aha-Erlebnisse? Welche Erkenntnisse habe ich gewonnen?

Welche Fragen stellen sich mir jetzt neu?

KAPITEL 4

Etappenziel II

Wissenswert – Mein Porno-Drehbuch umschreiben

Wir Menschen sind komplexe und zur selben Zeit doch recht einfach gestrickte Wesen: Denn alles, was wir tun, tun wir aus für uns triftigen Gründen – manchmal bewusst, manchmal unbewusst. Wenn du heute also Pornos schaust, dann deswegen, weil du in irgendeiner Weise davon profitierst. Du ziehst daraus einen persönlichen Nutzen, Pornos schauen bringt dir was – vielleicht nur für einen kurzen Moment, aber allein dieser Augenblick lohnt sich. Nun verhält es sich mit für uns lohnenswerten Verhaltensweisen so, dass wir sie natürlich sehr gerne tun. Und dass wir sie, genau deshalb, auch sehr gerne wieder tun. Und wieder und wieder. Und so werden aus unseren immer wieder Handlungen von heute irgendwann unsere guten oder schlechten Gewohnheiten von morgen. Gewohnheiten, die so tief in unser persönliches Drehbuch eingeschrieben sind, dass sie einfach zu uns gehören und nicht mehr aus unserem Leben hinwegzudenken sind. Eine alte chinesische Weisheit bringt diesen Zusammenhang folgendermaßen auf den Punkt:

> Achte auf deine Gedanken, denn sie werden zu Worten. Achte auf deine Worte, denn sie werden zu Handlungen. Achte auf deine Handlungen, denn sie werden zu Gewohnheiten. Achte auf deine Gewohnheiten, denn sie werden dein Charakter. Achte auf deinen Charakter, denn er wird dein Schicksal.

Was die Chinesen Charakter nennen, nennt die Neurobiologie synaptische Verbindungen. Denn, wenn wir Dinge immer und immer wieder tun, passiert in unserem Gehirn Folgendes: die entsprechenden synaptischen Verbindungen werden stärker und stärker ausgebaut, aus einstmals schmalen neurologischen Trampelpfaden werden mehrspurige und viel befahrene Autobahnen. Und natürlich, um schnell an unser Ziel zu kommen, fahren wir lieber auf bereits breit angelegten Autobahnen, als uns auf alternativen Trampelpfaden durchs Dickicht zu schlagen. Die Folge: Denkmuster und Verhaltensweisen verfestigen sich und werden zu eingefahrenen Gewohnheiten – positiv wie negativ. Der Neurologe Dr. Eberhardt Rieth drückt diesen Zusammenhang ganz einfach so aus: »Wir werden das, was wir leben.«[7] Heißt für dich: Wenn du die Gewohnheit hast, Pornos zu konsumieren, dann läuft eine mehr oder weniger breite Hirnautobahn durch deinen Kopf. Porno ist in gewissem Maß ein Teil deiner Identität geworden und beeinflusst, was du denkst, was du fühlst, was du redest und was du tust. Porno gibt vor, wie eine Frau auszusehen hat, wie sie sich verhalten muss, welchen »Zweck« sie erfüllt, ja vielleicht sogar welchen Wert sie hat. Porno sagt dir, wie ein echter Mann zu sein hat, welche Rolle er erfüllen muss, wie er mit Frauen umzugehen hat. Porno diktiert dir, wie Sex ablaufen muss, was du alles wollen und tun musst, soll Sex wirklich befriedigend sein. Und mit all dem zerstört Porno deine Fähigkeit, die schönste Sache der Welt auch als die schönste Sache der Welt zu genießen. Der ursprüngliche Mehrwert, den Porno dir anfangs einmal versprochen hat, kostet einen hohen Preis. Und ganz egal, ob dir das gefällt oder nicht, du bist es, der den Preis bezahlt.

Klingt, zugegeben, ziemlich beunruhigend. Ist es bis zu einem gewissen Grad auch. Jedoch kein Grund zur Panik. Denn, wie so oft, gibt es in all dem auch eine sehr gute Nachricht, die da heißt: Dein Gehirn ist plastisch. Soll heißen: deine Hirnlandkarte verändert sich ständig. Alle Hirnautobahnen, die du über die Jahre konstruiert hast, kannst du auch wieder abbauen und durch alternative Handlungen, die du immer und immer wieder machst, neue Autobahnstrecken anlegen. Für dich bedeutet das so viel wie: Alles, was du dir antrainiert hast, kannst du dir auch wieder abtrainieren und dir darüber hinaus sogar andere Verhaltensweisen antrainieren. Und ja, das geht nicht über Nacht. Und ja, es kostet dich Überwindung, Willenskraft, Selbstdisziplin und Geduld. Aber: Es ist möglich. Du kannst es schaffen. Und es lohnt sich!

Auf dieser Etappe deiner Wanderung wirst du dir ganz konkret bewusst machen, dass es sich tatsächlich lohnt, die Pornoautobahnen einzureißen. Zunächst wirst du kalkulieren, wie viel dich dein Porno-Drehbuch bisher in einzelnen Bereichen deines Lebens kostet. Du wirst dich damit auseinandersetzen, wo Pornografie bereits ihre Spuren in dir und deinem Leben hinterlassen hat, was sie dir bringt und was sie dir nimmt. Mit deiner Kosten-Nutzen-Rechnung klar vor Augen wirst du dir dein Leben ohne Porno-Drehbuch ausmalen! Heißt also: du wirst dir ein Bild von deiner Zukunft ohne Pornografie machen, das dich motiviert, loszugehen und den Preis von Überwindung, Willenskraft, Selbstdisziplin und Geduld zu zahlen, um in neue Autobahnen zu investieren.

Nachdenklich – Meine Kosten-Nutzen-Rechnung

Mein Porno-Mehrwert

Überlege dir, was dir dein Pornokonsum bringt und wo du körperlich und emotional davon profitierst. Was ist mein persönlicher Porno-Mehrwert? Wo füllt Pornografie meinen emotionalen Tank auf? Was habe ich davon, dass ich Pornos schaue?

Was noch?

Und was noch?

Meine Porno-Kosten
Überlege dir jetzt, inwiefern sich Pornografie auf verschiedene Bereiche deines Lebens auswirkt. Je nachdem, wie umfassend du dich mit den Konsequenzen beschäftigen willst, kannst du entweder alle neun Kategorien durchrechnen oder dir drei Kategorien aussuchen, in denen du deiner Einschätzung nach am meisten draufzahlst.

	Wenn alles möglich wäre ...
1. Porno-Drehbuch in Gedanken Drehen sich meine Gedanken häufig um Pornos und Sex? Wenn ja, wie oft? Inwieweit haben Pornobilder mein Denken von mir, von Frauen/Männern, von Sex und Beziehung geprägt?	

Wenn alles möglich wäre ...

2. Porno-Drehbuch in Emotionen

Hatte ich aufgrund meines Pornokonsums bereits negative oder destruktive Emotionen mir selbst und anderen gegenüber? Wenn ja, welche?

3. Porno-Drehbuch in Worten

Ist Porno ein präsentes Gesprächsthema in meinem Leben? Wenn ja, wie häufig und mit wem rede ich darüber? Wie rede ich generell über Männer, Frauen, Sex und Porno? Was sagt mir das über meine innere Haltung?

4. Porno-Drehbuch im Verhalten

Hat sich mein Pornoverhalten über die letzten Jahre verändert? Wenn ja, wie? Hat mein Pornokonsum mein Verhalten gegenüber mir selbst und anderen über die letzten Jahre verändert? Wenn ja, wie?

Wenn alles möglich wäre ...

5. Porno-Drehbuch in Prioritäten

Auf einer Skala von 1–10: Wie viel Platz nimmt mein Pornokonsum momentan in meinem Leben ein? (1 = gar keinen; 10 = sehr viel)

1   10

Inwiefern wirkt sich das auf andere Lebensbereiche aus – Beruf, Finanzen, Freizeitaktivitäten und Zeit?

6. Porno-Drehbuch in Beziehungen

Macht sich mein Pornokonsum in meinen Beziehungen bemerkbar? Wenn ja, wie? Inwiefern wirkt er sich auf die Beziehung zu mir selbst, zu meinen Freunden, zu meinen Kindern, zu meinen Eltern aus?

Wenn alles möglich wäre ...

7. Porno-Drehbuch in der Partnerschaft

Wie reagiert mein Partner / meine Partnerin auf meinen Konsum? Kann ich offen mit ihm/ihr darüber reden? Wenn ja, was ist seine/ihre Perspektive? Wenn nein, warum nicht? Wovor habe ich Angst?

8. Porno-Drehbuch in der Sexualität

Inwieweit hat mein Pornokonsum mein Sexleben geprägt? Wie erlebe ich meine real gelebte Sexualität? Kann ich die Intimität mit meinem Partner / meiner Partnerin genießen? Bin ich damit zufrieden? Wenn nein, warum nicht?

Was fehlt, was wünsche ich mir? Habe ich bestimmte sexuelle Vorlieben, die ich nicht ausleben kann? Oder lasse ich mich manchmal auf sexuelle Praktiken ein, die ich gar nicht will? Wenn ja, welche?

	Wenn alles möglich wäre …
Kann ich mir vorstellen, darüber mit meinem Partner / meiner Partnerin zu sprechen? Wenn nein, warum nicht? Wenn ja, wann und wie werde ich es tun?	
9. Porno-Drehbuch in der Spiritualität Gibt es einen Zusammenhang zwischen meinem Pornokonsum und meinem Glaubensleben? Wenn ja, welchen? Inwieweit beeinflusst das eine das andere?	

Mein Morgen ohne Porno-Drehbuch

Du siehst jetzt schwarz auf weiß vor dir, wo sich dein Porno-Drehbuch wie ein roter Faden durch verschiedene Bereiche deines Lebens zieht. Jetzt mach einmal folgendes Gedankenexperiment: Stell dir vor, alles wäre möglich und über Nacht wären wie durch ein Wunder jegliche Spuren von Pornografie aus deinem Drehbuch ausradiert und die Porno-Autobahnen in deinem Gehirn wurden nie gebaut. Du wachst morgens auf, fühlst dich wie neu geboren, Porno hat es nie gegeben. Wie würde sich das auf die verschiedenen Bereiche deines Lebens auswirken? Was konkret wäre nach dieser Nacht anders? Woran würdest du merken, dass etwas anders ist?

Schreibe alle kleinen und großen Veränderungen, die du dir vorstellen kannst, in die rechte Spalte eines jeden Bereichs! Sei dabei so konkret wie möglich und vergiss nicht: alles ist möglich! Deinem Neuanfang sind keine Grenzen gesetzt!

Gesprächig – Und wenn es Porno nie gegeben hätte?

Ein Leben mit und ohne Porno-Drehbuch

Tauscht euch darüber aus, wo euer Porno-Drehbuch in einzelnen Lebensbereichen ganz konkret sichtbar wird. Wo macht ihr ähnliche Erfahrungen? Wo unterscheiden sich eure Erfahrungen? Was könnt ihr dadurch voneinander und über euch selbst lernen? Dann spult den Film weiter und erzählt einander von eurem »Über-Nacht-Wunder«. Wie genau sieht eure Zukunft ohne Porno aus? Was wäre, wenn es Porno nie gegeben hätte?

Sehr hilfreich ist es an dieser Stelle, visuell zu arbeiten! Nehmt euch dazu eine Flipchart oder ein DIN-A3-Papier und schreibt eure Ideen für ein Leben ohne Porno zusammen. Dann findet Fotos und Bilder, die euer Lebensgefühl ohne Porno auf den Punkt bringen. Genauso könnt ihr eure Collage aber auch alleine vorbereiten, um euch dann darüber gemeinsam auszutauschen!

Aktiv – Einen Monat Porno-Entscheidungsfreiheit

PorNö-Entscheidungsfreiheit?

Jetzt wird es Zeit für deine ersten Gehversuche in Richtung Pornofreiheit. In den nächsten vier Wochen geht es darum, dass du von deiner Freiheit als Mensch Gebrauch machst und bewusste Entscheidungen triffst. Ziel dieses Monats ist es, dass du dir darüber bewusst wirst, dass du deinem Pornoverhalten nicht hilflos ausgeliefert bist, dass du kein Porno-Opfer bist. Heißt also: Nicht Porno hat dich im Griff, sondern du hast Porno im Griff und entscheidest dich bewusst dafür, wann du's tun und wann du's lassen willst!

Deswegen überlege dir in diesem Monat am Beginn einer jeden Woche, an welchen Tagen du ohne schlechtes Gewissen von deiner Freiheit, Pornos zu schauen, Gebrauch machen willst und wie oft du es an diesen Tagen tun willst. Lege Tage und Häufigkeit in jedem Fall vorab fest, trage sie in deinen Wochenplaner ein und dann halte dich daran. Wenn du möchtest, kannst du die kommenden Wochen auch einmal ausprobieren, ob du deinen Konsum schon weniger werden lassen kannst und willst. Probiere dich einfach aus und trainiere die hohe Kunst von Willenskraft und Selbstdisziplin. Wichtig bei alldem ist auch jetzt: Beobachte dich, wie es dir mit deiner Entscheidungsfreiheit geht und was du jeden Tag neu über dich persönlich lernst. Nutze dafür die Fragen, die du in den letzten Wochen schon kennengelernt hast.

Schon eine PorNö-Entscheidung getroffen?

Wie oft will ich mein Pornoverhalten diese Woche ausleben? An welchen Tagen nehme ich mir die Freiheit, ganz bewusst Pornos zu schauen? Wie oft will ich es an diesen Tagen tun?

	Tag 1	Tag 2	Tag 3	Tag 4	Tag 5	Tag 6	Tag 7
Woche 1							
Woche 2							
Woche 3							
Woche 4							

Einen Monat PorNö-Entscheidungsfreiheit: Mein Fazit

Hab ich ausreichend von meiner Freiheit, bewusst Pornos zu konsumieren, Gebrauch gemacht? Habe ich mehr oder weniger Pornos als gewöhnlich geschaut? Warum? Wie war das für mich? Habe ich mehr oder weniger Lust gehabt, Pornos zu schauen? Warum?

Hat sich im Vergleich zum letzten Monat irgendetwas verändert – in meiner Einstellung, meiner Wahrnehmung oder aber meinem Pornoverhalten? Was sagt mir das über mich und meine Gewohnheiten? Welche neuen Erkenntnisse ziehe ich aus den letzten vier Wochen?

Wie geht es mir jetzt? Wie fühle ich mich am Ende meiner PorNö-Entscheidungsfreiheitswochen?

Welche Fragen haben sich daraus neu für mich ergeben?

Einen Monat PorNö-Entscheidungsfreiheit: Wo stehe ich jetzt? Mach am Ende deines zweiten Etappenziels wieder den Check: Wie groß ist zurzeit dein Wunsch, komplett auf Pornos zu verzichten?

---

schwach   mittel   stark

Warum?

Wie stark bist du davon überzeugt, dass du mit deinem Pornokonsum aufhören kannst?

---

gar nicht   je nach Umständen und Tagesform   voll und ganz

Warum?

Göttlich – Der Gott, der dich stark macht

Wenn du mit alten Verhaltensweisen wie etwa deinem Pornografiekonsum brichst und anfängst, kleine Schritte in Richtung Veränderung zu gehen, dann ist das nicht immer ganz einfach. Denn du wirst immer wieder herausgefordert sein, dich zu entscheiden: gegen deinen von Zeit zu Zeit sehr starken inneren Impuls, die altbekannten Wege zum kurzen High zu gehen und deiner Pornolust nachzugeben. Willst du also wirklich mit deinem Pornomuster brechen, dann bleibt dir nichts anderes übrig, als zu lernen, deinem inneren Drängen zu widerstehen. Das erfordert nicht nur Selbstdisziplin und Willensstärke, sondern vor allem auch eine effiziente Taktik!

Eine sehr effiziente, weil göttliche Taktik kannst du dir im zweiten Teil der Bibel von keinem Geringeren als Jesus persönlich abschauen. Die Situation ist folgende: Jesus hat sich vierzig Tage in die Wüste zurückgezogen, um zu fasten und zu beten. Heißt also: vierzig Tage lang verzichtet er komplett auf Essen, sieht keine Menschenseele, kann sich von nichts ablenken lassen und ist also tagein, tagaus maximal mit sich selbst konfrontiert. Und als wäre das nicht schon genug, flüstert ihm eine teuflische Stimme auch noch alles Mögliche ein, um ihn dazu zu bringen, seinen grundlegenden Bedürfnissen nachzugeben. Wenn du dir diese Stelle im Lukasevangelium, Kapitel 4, genauer anschaust, wirst du feststellen, dass diese Stimme der Versuchung eine Strategie verfolgt, die dir vielleicht bekannt vorkommt.

Die Taktik der Versuchung

Sie kennt deine Schwachstelle und nutzt sie schamlos aus
Dem hungrigen Jesus sagt diese Stimme, er solle seinem Hungergefühl einfach nachgeben und sich etwas Brot gönnen. In deinem Fall wird sie dir vielleicht sagen, dem inneren Drängen deiner Lust nachzugeben und dir einen Porno zu gönnen: »Weil, ist ja alles nicht so schlimm! Sieht ja auch keiner, bleibt ja unter uns!«

Sie stellt dich infrage und redet dir Zweifel ein
Jesus muss sich zum Beispiel immer wieder anhören: »Wenn du wirklich Gottes Sohn bist ...« Heißt also: Diese Stimme stellt all das, was er über sich selbst geglaubt hat, infrage. Sie schürt Zweifel an dem, was Jesus als Wahrheit über sich weiß, wovon er überzeugt ist. In deinem Fall können das Gedanken sein wie etwa: »Was glaubst du eigentlich, wer du bist? Du hast schon so oft versucht, mit den Pornos aufzuhören, und all das ohne Erfolg. Glaubst du wirklich, dieses Mal ist es anders? Schau dich doch an, du bist ein Loser! Das wirst du nie schaffen! Du kommst da nie raus! Gib einfach gleich auf!«

**Sie füttert deinen Stolz und redet dir ein,
dass du's ganz alleine schaffst**
Im Falle von Jesus will das leise Flüstern der Versuchung seinen Stolz mit unterschiedlichen Angeboten füttern. Möglichkeiten, mit denen der Sohn Gottes beweisen kann, dass er's so richtig draufhat, alles alleine schafft und deshalb niemanden nötig hat. In deinem Fall kann das vielleicht so aussehen, dass es dir schwerfällt, Hilfe anzunehmen – sei es in Form von Filtersoftware oder aber von Menschen, vor denen du ehrlich sein kannst. Die Stimme in deinem Kopf redet dir einfach immer wieder ein: »Come on! Du schaffst das al-

lein, du brauchst keine Hilfe. So eine Filtersoftware ist doch etwas für Schwächlinge. Und andere Menschen mit ins Boot holen geht ja mal gar nicht! Du musst die Sache schon mit dir allein ausmachen, du darfst doch keine Schwäche zeigen, musst dein Gesicht wahren! Was würden schließlich die anderen über dich denken, wenn du ihnen das beichtest? Und viel schlimmer noch: Was würden sie über dich reden? Und wie würden sie dich dann behandeln?«

Sie bietet dir eine Rechtfertigung für dein Handeln
Eines muss man diesem Flüstern der Versuchung lassen: Alles klingt immer irgendwie logisch und gut begründet. Im Falle von Jesus zum Beispiel argumentiert diese leise Stimme mit einer Stelle aus der Bibel, also mit einem Auszug aus den Wahrheiten Gottes, von denen Jesus zutiefst überzeugt ist und die in der Tat rechtfertigen würde, dem Drängen der Versuchung nachzugeben. In Sachen Porno kann das heißen, dass du Gedanken hast, wie: »Ach, komm schon! Ist doch alles nicht so schlimm. Es schaut doch wirklich *jeder* Pornos. Und außerdem bist du ein Mann: Du musst Pornos schauen, das gehört dazu, du brauchst das! Und wenn du jetzt wirklich aufhören willst, dann gönne dir doch wenigsten zwischendurch ein kleines Schmankerl, das schadet doch nicht! Ein bisschen Spaß muss schließlich sein, findest du nicht?!«

Sie bietet dir eine schnelle Lösung
Bei Jesus ist es Brot, das seinem seit vierzig Tagen hungernden Magen wirklich guttun würde. Bei dir ist es ganz einfach das Internet mit seinen unendlichen Möglichkeiten, mit nur einem Klick alle sexuellen Wünsche und Bedürfnisse virtuell ausleben zu können. In der Tat eine schnelle, wenn auch kurzfristige Lösung, die langfristig das Potenzial hat, viel in dir und deinen Beziehungen kaputt zu machen!

Jetzt, wo du die Strategie der Versuchung kennst, fragt sich natürlich: Gibt es eine Taktik, mit der du der Versuchung nicht zum Opfer fällst? Und wenn ja, welche? Die Taktik, die Jesus in seinem Fall anwendet, ist auf den ersten Blick recht simpel: Er hält diesen versuchenden Gedanken immer wieder göttliche Antworten entgegen. Heißt also: Er erinnert sich an passende Verse aus dem ersten Teil der Bibel, fokussiert sich gedanklich auf diese Wahrheiten, von denen er persönlich maximal überzeugt ist, und spricht sie dann laut aus. Und obwohl Jesus auf den ersten Blick ein Bibelstellen-Battle austrägt, macht er eigentlich viel mehr. Denn die Passagen, die Jesus da zitiert, stammen aus einer Stelle im ersten Teil der Bibel, in der Mose das Volk Israel daran erinnert, wer Gott ist, was sie mit ihm schon alles erlebt haben und was er ihnen für ihre Zukunft versprochen hat. Es ist eine Stelle, in der sie aufgefordert werden, sich darauf zu fokussieren, woher sie kommen, was ihre Wurzeln und Überzeugungen sind und welche Ziele sie noch erreichen wollen! In Sachen Porno lässt sich daraus eine effiziente Taktik ableiten, wie du der Versuchung widerstehen kannst:

Sag der Versuchung den Kampf an!

Erinnere dich daran, wo du herkommst
Wenn du mal wieder kurz davor bist, nachzugeben, dann erinnere dich an all die Male, in denen du schon widerstanden hast. Gedenke der Erfolge, die du auf deiner Wanderung namens »Pornoausstieg« schon gefeiert hast!

Fokussiere dich darauf, wo du hin willst
Das Beste, was du machen kannst, wenn die Versuchung mal wieder zu dir spricht und dich unwiderstehlich zu sich ruft, ist, dir dein Ziel

vor Augen zu halten. Also genau das Leben ohne Porno-Drehbuch, von dem du in diesem Kapitel geträumt hast. Und am besten holst du dir gleich noch dein Bild hervor, mit dem du dieses Lebensgefühl für dich eingefangen hast, und wirfst statt auf Pornobilder lieber einen intensiven Blick auf deine PorNö-Zukunft!

Sprich göttliche Wahrheit in dein Leben
Auch wenn Jesus nicht einfach nur ein Bibelstellen-Battle gekämpft hat, so hat er sich selbst und diese Stimme der Versuchung doch sehr deutlich an die göttlichen Wahrheiten erinnert. Gottes Wahrheit war in diesem Moment die einzige kraftvolle Gegenstimme, um das Flüstern der Versuchung zu übertönen. Wenn du also mit göttlicher Verstärkung kämpfen willst, dann suche dir eine Bibelstelle, die du in deiner Pornoversuchung dagegenhalten kannst, indem du sie laut aussprichst. Zum Beispiel Philipper 4,13: »Denn alles ist mir möglich durch Christus, der mir die Kraft gibt, die ich brauche.«

Entscheide dich und suche dir eine Handlungsalternative
Jedes Mal wieder, wenn du den Drang verspürst, deinem Pornoverlangen nachzugeben, heißt es für dich: Du musst dich entscheiden – ja oder nein. Diese Entscheidung kann dir niemand abnehmen, sie gehört zu deiner Freiheit und obliegt deiner Verantwortung. Um dich gegen Porno zu entscheiden, ist es hilfreich, wenn du dich stattdessen für etwas anderes entscheidest und dich konstruktiv ablenkst. Geh spazieren, mach Sport, triff dich mit Freunden, gönn dir etwas und sag Ja zu etwas, das dir wirklich guttut. Werde aktiv und finde für dich sinnvolle Alternativen! So wird das Neinsagen zum Porno wesentlich leichter!

Fakt ist: Du kannst der Versuchung widerstehen. Du kannst lernen, dich selbst und deine Impulse zu beherrschen. Du kannst dich entscheiden gegen das Pornodrängen und für die Freiheit. Du kannst

Schritt für Schritt erleben, was es heißt, wirklich frei zu leben! Du hast alles, was es braucht: Du hast eine Taktik und du hast diesen Jesus auf deiner Seite, der bewiesen hat, dass keine Versuchung stärker ist als er! Stell dich auf diese biblische Zusage, dass du alles schaffen kannst, weil er dich stark macht (vgl. Philipper 4,13). Wenn du dich immer wieder neu entscheidest, deinen Willen und dein Leben unter Gottes Führung zu stellen, wirst du erleben, dass du der Versuchung mehr und mehr widerstehen kannst. So heißt es in Jakobus 4,7: »Deshalb ordnet euren Willen Gott unter! Widersteht dem Teufel, und er wird euch verlassen.«

Das folgende Gebet kannst du in Situationen beten, in denen du herausgefordert bist, der Versuchung zu widerstehen:

»Jesus, vielen Dank, dass du genau weißt, wie ich mich im Moment fühle. Dass du die Stimmen der Versuchung kennst, die gerade wieder zu mir flüstern. Du siehst den Kampf in mir. Du weißt, dass ich kurz davor bin, diesem inneren Verlangen nachzugeben, obwohl ich eigentlich nicht will. Und irgendwie merke ich, Gott, ich schaff es nicht alleine! Ich brauche hier deine Hilfe! Hilf mir, zu widerstehen! Übernimm du jetzt mein Denken, mein Fühlen und mein Handeln. Ich entscheide mich auch jetzt wieder, zu glauben, dass du es gut mit mir meinst und dass dein Wille gut für mich ist. Ich entscheide mich, das zu wollen und zu tun, was du für mich willst. Ich entscheide mich für deine Freiheit. Jesus, du sagst, ich vermag alles durch dich, der du mich stark machst. Du bist kein schwacher Gott, sondern ein starker Gott, und ich danke dir, dass ich mit dir jede Versuchung überwinden kann, weil du für mich alles überwunden hast. Genau das nehme ich jetzt in Anspruch. Genau darauf stelle ich mich jetzt! Ich bin stark, ich kann widerstehen, weil du in mir stark bist, weil du widerstanden hast! Amen.«

Gelernt – Was nehme ich mit?

- Alles, was wir gewohnheitsmäßig tun, tun wir, weil wir davon profitieren. Über die Jahre werden aus Handlungen von heute Gewohnheiten von morgen.
- Es gibt einen Porno-Highway in deinem Kopf, der dir den Weg zum Porno-High ebnet.
- Porno hat sich in dein Drehbuch eingeschrieben und beeinflusst, was du denkst, sagst, fühlst, willst und tust.
- Die gute Nachricht lautet: Plastizität! Du kannst dich verändern und neue Hirnautobahnen bauen!
- Du kannst der Versuchung widerstehen und dich entscheiden – gegen das Pornodrängen und für die Freiheit.

Was nehme ich mit?

Was ist mir in diesem Kapitel besonders wichtig geworden?

Was waren meine persönlichen Aha-Erlebnisse? Welche Erkenntnisse habe ich gewonnen?

Welche Fragen stellen sich mir jetzt neu?

KAPITEL 5

Etappenziel III

Wissenswert – meine Pornobiografie verstehen

Leben versteht sich immer erst aus der Retrospektive, und das auch nur dann, wenn wir bereit sind, uns mit unseren gemachten Erfahrungen auseinanderzusetzen. Tun wir das nicht, bleiben sie nichts weiter als gemachte Erfahrungen. Wir verpassen die Chance, wichtige Lebenslektionen aus ihnen zu ziehen und dazuzulernen! Und so bleibt ihre verborgene Weisheit ungenutzt.

Genau deswegen bewegen wir uns auf der dritten Etappe deiner Reise rückwärts, um vorwärtszukommen! Wir gehen zurück in deine Vergangenheit: Dort gilt es, Umstände und Ereignisse auszumachen, die dich in deinem Pornokonsum geprägt haben und vielleicht sogar bis heute beeinflussen. Erfahrungen aus deiner Vergangenheit können ein Schlüssel sein, um dein heutiges Konsumverhalten zu verstehen. Deshalb wirst du in diesem Kapitel deine persönliche Pornobiografie schreiben: eine Erzählung über dich und deine Pornoerfahrungen. Du wirst Schlüsselerlebnisse identifizieren, wie etwa das erste Mal, an dem du mit pornografischen Bildern in Berührung gekommen bist. Genauso wirst du dich mit Lebensphasen auseinandersetzen, in denen du mehr oder weniger viel Pornos konsumiert hast. Und natürlich wirst du dir in all dem immer wieder die Frage stellen: Was habe ich an dieser Stelle über mich und mein Pornoverhalten gelernt?

Genauso wirst du aber auch Erfahrungen unter die Lupe nehmen, die du auf den ersten Blick vielleicht nicht direkt mit deinem Pornokonsum in Verbindung bringst. Das kann zum Beispiel eine Situation sein, in der du dich von einem bedeutenden Menschen in deinem Leben abgelehnt oder im Stich gelassen gefühlt hast. Oder aber ein Erlebnis, das dir unangenehm oder peinlich war. Es kann also sein, dass dir dieser Blick zurück mitunter Szenen aus deiner

Vergangenheit vor Augen führt, von denen du dir wünschtest, sie wären nie passiert. Ereignisse, an die du dich eigentlich nicht erinnern willst, die dir vielleicht Angst machen und die du deshalb immer verdrängt hast. Ich würde dir an dieser Stelle gerne sagen: »Mach dich locker, so schlimm wird's nicht.« Aber ich will dir nichts vormachen: Vielleicht wird dich dieser Teil deiner Wanderung an deine Grenzen bringen. Wenn du das merkst, dann hol dir ruhig auch einen professionellen Begleiter oder Therapeuten mit an Bord, mit dem du dich den schmerzhaften Erinnerungen deines Lebens stellen kannst. Doch egal, ob mit oder ohne professionelle Hilfe, eines steht fest: Nur wenn du den Mut hast, vergangene Wunden aufzubrechen, hast du die Chance, sie zu säubern und ausheilen zu lassen. Das Schöne daran: Wenn eine Wunde erst einmal verheilt ist, dann tut sie auch nicht mehr weh.

Ziel dieser Wegstrecke ist es also, dass du zurückschaust, um dich mit dem, was hinter dir liegt, auszusöhnen und deinen persönlichen Sinn daraus zu konstruieren. Das macht es dir möglich, daraus resultierende Verhaltensmuster, wie etwa deinen Pornokonsum, zu durchbrechen. Und eines kann ich dir zu Beginn dieses Streckenabschnitts versprechen: was auch immer im Rückspiegel deines Lebens auftaucht, es wird nur das sein, was du zu diesem Zeitpunkt deines Lebens auch verkraften kannst. Deshalb hab keine Angst, zurückzuschauen, um vorwärtszukommen!

Nachdenklich – Rückwärts schauen, um vorwärtszukommen

Schritt 1: Zurück in meine Vergangenheit – will ich das wirklich?

Welche Gefühle kommen in mir hoch, wenn ich daran denke, in meine Vergangenheit zurückzugehen, um mich mit prägenden Pornoerfahrungen und vielleicht verletzenden Ereignissen zu beschäftigen?

Wer oder was kann mir helfen, mich auf dieses Etappenziel einzulassen? Was brauche ich, um mich sicher zu fühlen?

Schritt 2: Erinnerungen sammeln

Gehe zurück in deine Pornovergangenheit und trage Menschen, Ereignisse und Umstände zusammen, die dich geprägt haben – positiv wie negativ. Dazu brauchst du verschiedenfarbige Zettel, ich schlage die Farben Gelb, Pink, Orange und Grün vor. Nimm dir zunächst die gelben Zettel. Nun schreibe auf jeden Zettel eine Person, ein Erlebnis, eine Situation und hefte sie willkürlich an die Wand oder auf den Boden.

Schritt 3: Erinnerungsfetzen chronologisch ordnen

Wirf einen Blick auf deinen Zettel-Dschungel und schaffe Ordnung. Nimm dir ein DIN-A3-Blatt oder eine Flipchart und bringe alle Zettel in eine chronologische Reihenfolge. Fange mit dem frühesten Erlebnis oben links auf deinem Blatt an und klebe das nächstfolgende senkrecht darunter. Wenn die Spalte voll ist, fange daneben rechts oben wieder an. Achte bitte darauf, dass du auf deinem Blatt ganz oben und unten noch Platz hast für jeweils einen weiteren Zettel.

Schritt 4: Unangenehmen Ereignissen ins Auge schauen

Schaue den Dingen ins Auge: Nimm dir etwas Zeit und schaue deine Zettel-Pornoerinnerungen noch einmal in Ruhe an. Welche Ereignisse oder Umstände waren unangenehm oder schmerzhaft für dich? Was bereust du bis heute? Übertrage diese Erinnerungen auf einen pinken Zettel und ersetze den gelben damit.

Schritt 5: Dem Vergangenen einen Namen geben

Nun teile deine Pornovergangenheit in Kapitel ein: Gibt es besonders prägende Erlebnisse oder Zeitabschnitte? Kannst du Phasen erkennen, in denen du mehr oder weniger konsumiert hast? Gibt es Kapitel, die mit einem bestimmten Lebensgefühl oder bestimmten Menschen zusammenhängen? Schreibe für jeden Abschnitt eine Kapitelüberschrift auf einen orangen Zettel und klebe ihn über die dazugehörigen gelben.

Schritt 6: Aus Erfahrungen lernen

Jetzt identifiziere bestimmte Wendepunkte und entscheidende Lektionen deiner Pornovergangenheit. Solche Schlüsselerlebnisse sind Ereignisse, die dein Leben, dein Denken und Handeln verändert haben – du bist danach nicht mehr derselbe Mensch wie vorher. Dein erstes Mal, an dem du mit Pornografie in Berührung gekommen bist, ist zum Beispiel so ein Schlüsselerlebnis. Vielleicht sind dir aber auch andere einschneidende Erlebnisse bewusst geworden, die eine Wurzel für deinen Pornokonsum sein können. Kennzeichne diese Erfahrungen mit einem »S«. Formuliere nun zu jedem Schlüsselerlebnis deine persönliche Lebenslektion. Schreibe sie auf einen grünen Zettel und klebe sie unter die entsprechende Spalte auf deine Porno-Zettel-Sammlung. Folgende Fragen können dir dabei helfen:

- Inwiefern hat mich diese Erfahrung beeinflusst oder verändert? Inwiefern hat dieses Ereignis meine Einstellung und meinen Charakter geformt?
- Was habe ich an dieser Stelle über mich, meinen Pornokonsum, meine Sexualität gelernt? Welche Erkenntnisse habe ich daraus gewonnen?
- Was davon will ich mitnehmen? Woran sollte ich mich in Zukunft erinnern?
- Was davon möchte ich loslassen?
- Wie habe ich Gott in dieser Situation erlebt? Hat mir dieses Erlebnis etwas über Gott und seinen Charakter gezeigt?

Schritt 7: Mein erstes Mal Porno

Du hast jetzt alle für dich wichtigen Details gesammelt, dir einen Überblick über deine Pornovergangenheit verschafft und deinen roten Faden entwirrt. Jetzt nimm dein Pornotagebuch zur Hand und gehe an einem Punkt in die Tiefe – deinem ersten Mal Porno.

Erinnere dich an dein erstes Mal Porno und bringe es zu Papier. Das erste Mal Porno kann mitunter eine so andersartige Erfahrung sein, dass es sich tiefer als weitere Pornobegegnungen in deine Seele einbrennt und dort eine Wurzel einpflanzt, die mehr und mehr zu wuchern anfängt. Oder um es mit einem Song von Cat Stevens aus dem Jahre 1967 zu sagen: »The first cut is the deepest.« Nimm dir deshalb wirklich Zeit, deine erste Erinnerung so konkret wie möglich aufzuschreiben. Auf einer späteren Etappe deiner Reise werden wir dann noch einmal an diesen Punkt zurückgehen, um diese Wurzel zu ziehen.

Folgende Fragen können dir helfen, deine Erinnerungen zu benennen:
Wann bin ich das erste Mal mit Pornos in Berührung gekommen? Was genau habe ich da zu sehen bekommen? Wer war dabei? Wie ist es abgelaufen? Wie habe ich mich dabei gefühlt – vorher, während, nachher? Was hat dieses Erlebnis in mir ausgelöst? Was war danach anders als zuvor? Was habe ich danach anders gedacht und gemacht als davor? Inwiefern hat sich dadurch mein Bild von mir und von anderen verändert? Welche Gefühle und Bedürfnisse wurden dadurch in mir geweckt? Was habe ich daraus gelernt?

Gesprächig – Und was ist deine Pornostory?

Meine Pornostory
Präsentiert einander eure Zettel-Pornobiografien und sprecht darüber, was ihr im Rückblick auf eure Vergangenheit und der Auseinandersetzung mit euch selbst erkannt habt. Hört einander aufmerksam zu, ohne das Gesagte in irgendeiner Weise zu bewerten. Achtet darauf, inwieweit sich eure Erlebnisse, Gefühle und Gedanken ähneln und ihr euch in den Geschichten der anderen wiederfindet. Nehmt euch ruhig etwas mehr Zeit dafür und plant eure »Pornostory«-Sessions so, dass jeder genug Platz hat, um von sich zu erzählen. Macht abschließend, wenn jeder einmal zu Wort gekommen ist, eine Session, in der ihr noch mal gemeinsam reflektiert,

was ihr von euren jeweiligen Geschichten über euch selbst, übereinander und über euer Pornoverhalten gelernt habt.

Um den Fokus nicht zu verlieren, könnt ihr euch neben euren Pornobiografien auch an diesem roten Faden entlanghangeln:

Mein erstes Mal Porno
Welche Erfahrungen habt ihr gemacht? Was hat das mit euch gemacht?

Meine Pornobiografie
Was ist dann passiert? Welche Rolle spielte Pornografie von da an in eurem Leben? Welche Kapitel habt ihr in eurem Leben bisher geschrieben? Welche Menschen, Ereignisse und Schlüsselerlebnisse haben eure Vergangenheit geprägt?

Meine Porno-Erkenntnisse
Was habt ihr aus eurer Pornobiografie gelernt? Was sagt euch das über euch und euren Pornokonsum?

Unser Resümee
Inwieweit ähneln oder unterscheiden sich eure Geschichten? Habt ihr ähnliche oder unterschiedliche Lektionen gelernt?

Aktiv - Einen Monat Pornofasten

Letzten Monat hast du bewusste PorNö-Entscheidungen getroffen und dich in Sachen Selbstdisziplin und Willenskraft geübt. Diesen Monat kannst du die hohe Kunst der Selbstbeherrschung perfektionieren, wenn du dich auf ein weiteres Experiment einlässt: einen Monat Pornofasten!

Entscheide dich, einen Monat lang auf Pornos zu verzichten. Wenn das keine Herausforderung für dich ist, kann sich dein Verzicht auch über einen längeren Zeitraum erstrecken. Wichtig ist lediglich, dass du dich weiterhin beobachtest, Buch führst und reflektierst, wie es dir in deiner Pornofastenzeit geht.

Und bevor's losgeht, noch ein Geheimtipp zum Fasten: Ich persönlich faste regelmäßig, und zwar die verschiedensten Dinge! Ganz egal, ob Kaffee, Alkohol, Zucker, TV-Serien oder Facebook. Meine persönliche goldene Regel dazu lautet: Womit auch immer du deinen Körper, deinen Geist und deine Seele füttern kannst, was auch immer du konsumieren kannst, das kannst du auch fasten! Mir persönlich hilft es dabei, eine ganz konkrete Vision zu haben, für wen oder was ich faste. Das können persönliche Herzensanliegen sein oder auch andere Menschen oder aber herausfordernde Situationen, für die ich während meiner selbst deklarierten Fastenzeit dann auch verstärkt bete. Mein Tipp an dich also: Bevor du dein Pornofasten startest, finde eine Vision, die dich motiviert, zu fasten! Überlege dir eine Situation, in der du erleben möchtest, dass sich etwas verändert! Vielleicht ist das dein Pornokonsum, vielleicht ist das aber auch deine Partnerschaft oder die Situation auf deiner Arbeit oder deine Beziehung zu Gott oder oder oder ... Selbst wenn du noch nie gefastet hast, probiere doch einfach mal aus, was du erlebst, wenn du dich bewusst entscheidest, für jemanden oder etwas Verzicht zu üben und vielleicht sogar regelmäßig zu beten!

Bevor's losgeht ...

Hör in dich hinein: Wofür schlägt dein Herz? Was ist dir momentan extrem wichtig? Für wen oder was willst du mit deinem Fasten einstehen? Was ist die größere Vision hinter deinem Pornoverzicht, die dir einen persönlichen Mehrwert schafft und dich zusätzlich motiviert halten kann?

Einen Monat ohne: heute schon Porno gefastet?

Wie lief's? Wie ging es mir heute mit meinem Pornoverzicht? Fiel es mir leicht? Warum? Fiel es mir schwer? Warum? Wie fühlte ich mich geistig, seelisch, körperlich?

Konnte ich heute positive Auswirkungen meines Fastens entdecken? Wenn ja, welche? Hatte ich heute mit für mich negativen Auswirkungen meines Verzichts zu kämpfen? Wenn ja, welche?

Welche Gedanken haben mich beschäftigt? Wie bin ich mit meinen Gedanken umgegangen? Wie liefen meine inneren Dialoge ab?

Wenn ich mich nicht mit Pornos füttere, womit habe ich mich dann gefüttert? Welche Alternativen habe ich heute genutzt, um mein Pornofasten durchzuziehen?

Hatte ich den inneren Drang, an den PC zu gehen? War ich mit pornografischen Inhalten und Sexualität konfrontiert? Wenn ja, zu welcher Zeit und wie waren die Umstände? Konnte ich diesem inneren Drang widerstehen? Wenn ja, was hat geholfen, wie habe ich es geschafft? Hab ich in dem Moment Entscheidungen gefällt, und wenn ja, welche? Wenn nein, wie geht es mir jetzt damit?

Wie wirkt sich mein bewusster Verzicht auf mich und meine Beziehungen aus? Wie wirkt sich dieses Fasten auf mein geistliches Leben und meine Beziehung zu Gott aus?

Was habe ich aus all dem heute über mich persönlich gelernt?

Heute schon einen Haken gesetzt?

Fasten, egal, worauf man verzichtet, kann wirklich herausfordernd sein! Deshalb halte dich bei Laune, indem du jeden Tag ein Kreuz machst – optional über deiner Brust, auf jeden Fall aber in diesem Kasten!

	Tag 1	Tag 2	Tag 3	Tag 4	Tag 5	Tag 6	Tag 7
Woche 1							
Woche 2							
Woche 3							
Woche 4							

Einen Monat ohne – Mein Fazit

Schau am Ende deines Selbstexperiments zurück und zieh dein persönliches Fazit:

Wie ist mein Fasten gelaufen? Wie war es für mich, bewusst auf Pornos zu verzichten? Welche Erfolgserlebnisse hatte ich? Welche Niederlagen habe ich zu verzeichnen?

Wie steht es um meine Fastenvision? Was hat sich in der Sache, für die ich gefastet habe, getan? Was hat sich in mir und meiner Einstellung getan? Wie geht es mir jetzt mit dieser Situation, diesem Menschen, dieser Beziehung? Würde ich das Ergebnis meines Fastenengagements als Erfolg bezeichnen? Warum? Warum nicht?

Welche neuen Erkenntnisse habe ich die letzten vier Wochen über mich, mein Pornoverhalten und das Fasten an sich gewonnen?

Wie geht es mir jetzt? Wie fühle ich mich am Ende meines Monats ohne Porno?

Welche Fragen haben sich daraus neu für mich ergeben?

Mach am Ende deines dritten Etappenziels auf deiner Wanderung noch einmal einen Check: Wie groß ist zurzeit dein Wunsch, auf Pornos zu verzichten?

---

schwach   mittel   stark

Warum?

Wie stark bist du davon überzeugt, dass du mit deinem Pornokonsum aufhören kannst?

---

gar nicht   je nach Umständen und Tagesform   voll und ganz

Warum?

Göttlich – Der Gott, der dich hört

Die Idee, für bestimmte Anliegen zu fasten und zu beten, zieht sich wie ein roter Faden durch die ganze Bibel. Zum Beispiel gibt es da einen Mann namens Daniel, der einen echten Lifestyle des Fastens und Betens pflegt. In herausfordernden Lebenssituationen hat er die Angewohnheit, auf bestimmte Speisen und Getränke zu verzichten, seine Gedanken auf Gott auszurichten und dessen Perspektive zu suchen. Am Ende einer solchen Fastenzeit hat Daniel dann einmal eine Vision. Heißt also: Er bekommt einen Einblick in die unsichtbare Welt und sieht Dinge, die man mit dem natürlichen Auge nicht sehen kann. In seinem Fall einen Mann, der sogar noch anfängt, mit ihm zu reden. Klingt irgendwie unheimlich, fast schon gespenstisch. Doch Folgendes bekommt Daniel von dieser Erscheinung zu hören:

»Hab keine Angst!«, ermutigte er mich. »Du wolltest gern erkennen, was Gott tun will, und hast dich vor ihm gedemütigt. Schon an dem Tag, als du anfingst zu beten, hat er dich erhört. Darum bin ich nun zu dir gekommen. Aber der Engelfürst des Perserreichs stellte sich mir entgegen und hielt mich einundzwanzig

Tage lang auf. Doch dann kam mir Michael zu Hilfe, einer der höchsten Engelfürsten. Ihm konnte ich den Kampf um das Reich der Perser überlassen.«

Daniel 10,12–13: HfA

Zugegeben, ein Mensch des 21. Jahrhunderts denkt sich an dieser Stelle erst einmal: »Häh? Wie bitte? – Klingt ja alles ziemlich abgefahren, irgendwie irrational und maximal unverständlich. Geisterscheinungen, die reden können, Gott, der unsere Worte ernst nimmt und dann auch noch Engelfürsten, die miteinander kämpfen? Ich weiß ja nicht! Scheint fast so, als hätte da jemand zu viel LSD genommen!«
Oder aber auch nicht!

Denn viele Naturvölker, Religionen und spirituelle Menschen gehen schließlich davon aus, dass es tatsächlich mehr gibt zwischen Himmel und Erde als das, was wir mit unserem bloßen Auge sehen. Wenn man sich also darauf einlässt, dann können diese Worte durchaus einige Geheimnisse jener unsichtbaren Welt lüften. Vorausgesetzt natürlich, man schenkt dieser Aussage eine gewisse neugierige Aufmerksamkeit.

Geheimnis Nummer 1 – Es gibt sie wirklich!

Daniels übernatürliche Erfahrung steht im Kontext eines Weltbilds, in dem es selbstverständlich war, dass es eine natürliche und eine geistliche Welt gibt. Die natürliche Welt, wie der Name schon sagt, erschließt sich über natürliche Erfahrungen, wie zum Beispiel Essen, Trinken und mit den Sinnen genießen. Genauso wird die geistliche Realität über geistliche Praktiken, wie etwa Fasten, Beten und Meditieren für uns Menschen zugänglich. Auch wenn also nicht sichtbar oder mit natürlichen Sinnen zugänglich, so ist dieses Paralleluniversum deswegen nicht weniger real. Gewissermaßen läuft diese Realität neben all dem, was in der sichtbaren Welt passiert, ab.

Geheimnis Nummer 2 –
Sie beeinflussen sich gegenseitig!

Sichtbare und unsichtbare Welt laufen nicht einfach nebeneinander her, sie sind nicht unabhängig voneinander, sondern sie sind aufeinander bezogen und beeinflussen sich gegenseitig. Alles, was in der sichtbaren Welt geschieht, hat Auswirkungen auf die unsichtbare Welt. Und umgekehrt: Alles, was sich in der unsichtbaren Welt bewegt, wirkt sich auch auf die sichtbare Welt aus – zugegeben, nicht immer unmittelbar, aber früher oder später auf jeden Fall! So erfährt Daniel zum Beispiel, dass Gott sofort, am ersten Tag, als er angefangen hat, sich mit seinem Anliegen an ihn zu wenden, reagiert hat!

Geheimnis Nummer 3 –
Es gibt Gebetserhörungsverhinderer!

Doch obwohl Gott seine Antwort mit dem ersten Wort, das Daniel an ihn richtet, auf den Weg schickt, kommt sie bei Daniel erst drei Wochen später an. Grund dafür: Gebetserhörungsverhinderer oder, wie es hier ausgedrückt wird, Engelfürsten, die sich der dunklen Seite verschrieben haben und den Boten Gottes, der Daniel seine Antwort überbringen soll, aufhalten.

Geheimnis Nummer 4 –
Es tobt ein Kampf zwischen Gut und Böse!

Zugegeben, ein bisschen klingt es ja in der Tat nach Star Wars, aber George Lucas scheint mit seinem Kultepos den Nagel auf den Kopf getroffen zu haben. Denn genauso wie auch die sichtbare Welt die Dualität von Gut und Böse, Liebe und Hass, Leben und Tod, Freude und Leid, konstruktivem und destruktivem Verhalten kennt, so herrscht das duale Prinzip auch in der unsichtbaren Welt. Denn auch dort sind zerstörerische Mächte ununterbrochen damit beschäftigt, göttliche Entwicklungen zu verzögern oder aufzuhalten. Ihr oberstes Ziel: all das Gute, das Gott uns Menschen schenken will, zu rauben und zu zerstören – sei es Hoffnung oder Glaube oder Liebe oder Mut oder Einheit oder Frieden oder Freiheit oder Weisheit oder oder oder ...

Geheimnis Nummer 5 – Fasten und Beten sind geistliche Waffen in diesem Kampf!

Scheinbar, auch wenn all das rational wirklich absolut nicht zu erklären ist, können wir durch Fasten und Beten Einfluss auf die Dinge nehmen, die sich in der unsichtbaren Welt abspielen. Mit diesen geistlichen Waffen können wir uns gewissermaßen in den Kampf von Gut und Böse einklinken. Wenn wir uns darauf einlassen und dieses geistliche Werkzeug einsetzen, werden wir mehr und mehr erleben, dass Gott mit seinen Gedanken und Möglichkeiten in unserem Leben und dem Leben von anderen Menschen zum Ziel kommt. Einzige Voraussetzung: ausprobieren, dranbleiben, wenn es mal wieder etwas länger dauert, und sich überraschen lassen, wie Gottes Antwort dann letztlich aussieht.

Ich weiß nicht, wo du in Sachen Fasten und Beten momentan stehst. Vielleicht bist du ein blutiger Anfänger, aber so neugierig, dass du erste Gehversuche wagen und es einfach mal ausprobieren willst. Vielleicht spielst du aber auch schon auf Bundesliganiveau, lebst den spirituellen Lifestyle des Fastens und Betens und bist ein echter Profi. Und vielleicht bist du irgendwo zwischendrin und weißt manchmal nicht so recht, ob die Sache mit dem Fasten und Beten überhaupt etwas bringt. Doch ganz egal, wo du heute stehst, sei dir darüber bewusst, dass es maximale Auswirkungen hat, wenn du anfängst, für deine Anliegen zu fasten und zu beten – erst in der unsichtbaren und dann auch in der sichtbaren Welt. Denn in dem Moment, in dem du Gott sagst, dass du ihn in einem Lebensbereich oder in einer Herausforderung brauchst – ganz egal übrigens, ob du ihn schon gut kennst oder nicht –, wird er alles in Bewegung setzen, um dir entgegenzukommen und dir Antwort zu geben! Genauso wie Gott Daniel versichert hat, dass er ihn vom ersten Tag an, als er sich an ihn gewendet hat, ernst genommen und erhört hat, so sagt er auch dir heute:

»Ich höre alle deine Gebete. Ich sehe, wie du durch dein Fasten zeigst, dass du es wirklich ernst meinst. Ich höre jedes einzelne deiner Worte genau. Gib nicht auf, auch wenn die Antwort länger dauert. Lass dich nicht entmutigen, auch wenn du die Frucht deiner geistlichen Saat noch nicht siehst! Bleib dran, bete weiter, halte fest an deinem Entschluss, zieh dein Fasten durch und rechne mit meinen Möglichkeiten. Ich kämpfe für dich. Ich setze mich ein für deine Freiheit. Ich werde mich dir zeigen und du wirst Antwort erhalten und erleben, wie ich in deinem Leben zum Ziel komme!«

Wenn du möchtest, kannst du diese Worte auch zu deinem Gebet machen, dich auf Gottes Zusagen stellen und damit zum Ausdruck bringen, dass du ihm mehr glaubst als dem, was du momentan siehst. Ersetze dafür einfach das »Ich« mit einem »Du« und umgekehrt, also:

»Gott, ich weiß, dass du alle meine Gebete hörst. Du siehst, wie ich mich im Fasten vor dir klein mache, damit deine Macht in mir stark sein kann. Ich bin davon überzeugt, dass du jedes einzelne meiner Worte ernst nimmst. Ich gebe nicht auf, auch wenn die Antwort länger dauert ...«

Gelernt – Was nehme ich mit?

- Leben versteht sich immer erst aus der Retrospektive und das auch nur dann, wenn wir bereit sind, uns aktiv mit gemachten Erfahrungen auseinanderzusetzen.
- Erfahrungen aus deiner Vergangenheit können ein Schlüssel sein, um dein heutiges Verhalten zu verstehen – auch in Sachen Porno.
- Auch Erfahrungen, die auf den ersten Blick nicht direkt mit deinem Konsum in Verbindung stehen, können eine Ursache für dein Pornoverhalten sein.
- Das erste Mal Porno ist eine so andersartige Erfahrung, dass es sich tiefer als weitere Pornobegegnungen in deine Seele einbrennt und dort eine Wurzel einpflanzt, die mehr und mehr zu wuchern anfängt.
- Fasten und Beten sind geistliche Waffen im Kampf um deine Pornofreiheit.

Was nehme ich mit?
Was ist mir in diesem Kapitel besonders wichtig geworden?

Was waren meine persönlichen Aha-Erlebnisse? Welche Erkenntnisse habe ich gewonnen?

Welche Fragen stellen sich mir jetzt neu?

KAPITEL 6

Etappenziel IV

Wissenswert – Auf zum Gipfelkreuz!

Du hast dich die letzten Wochen auf deiner Wanderung sehr intensiv mit dir selbst und deinem Pornoverhalten auseinandergesetzt: Du kennst jetzt deine Pornogewohnheiten, bist dir darüber bewusst, wie Pornografie dein Bild von dir, von anderen und von Sexualität geprägt hat, und du bist zurückgegangen, um dich den Geistern deiner Pornovergangenheit zu stellen. Doch nicht nur das! Auf jeder Etappe deiner Wanderung hattest du auch die Möglichkeit, den Gott der Bibel für dich zu entdecken und vielleicht ganz neu oder einfach noch einmal anders kennenzulernen.

Der letzte Streckenabschnitt deiner Wanderung auf den Berg namens »Pornoausstieg« führt dich nun zum Gipfelkreuz – dem Ort, wo Himmel und Erde sich berühren. Der Ort, an dem Gott mit offenen Armen auf dich wartet, um dir den Rucksack deines Lebens abzunehmen samt aller Verletzungen, Verfehlungen, Schuldgefühle und Unfreiheiten. Der Ort, an dem Gott dir begegnen will, um dir sein Mehr an Möglichkeiten zu schenken.

Ganz egal, ob du an Gott glaubst, was du von ihm hältst und was du denkst, dass er von dir hält, es gibt eine unumstößliche Wahrheit, die das Erste und Wichtigste ist, das du über dich und Gott wissen solltest: er liebt dich – *Punkt*. Ohne Wenn und Aber. Ohne Bedingungen. Einfach so wie du bist. Mit allem, was zu dir gehört. Völlig unabhängig davon, was du tust oder nicht tust. Gott liebt dich – *Punkt*. Und genau weil das so ist, gibt es auch eine zweite unumstößliche Wahrheit über dich und Gott: Gott hat kein Problem mit dir, ganz egal, welches Problem du mit dir oder ihm hast! Heißt auch: Gott hat ganz und gar kein Problem mit deinem Pornoverhalten. Er lauert nicht im Gebüsch und wartet darauf, dass du es einmal mehr verbockst, nur um dann hervorzuspringen, mit dem Finger auf dich zu zeigen und ganz laut zu schreien: »Hah! Erwischt! Ich hab's genau gesehen: Du hast's verbockt! Du hast's nicht geschafft – mal wieder! War ja klar! Du alter Versager! Und eines kann ich dir gleich sagen: Du wirst es nie schaffen! Und noch was kann ich dir sagen: Jemanden wie dich kann ich in meiner Familie nicht gebrauchen!« Wenn das dein Bild von Gott ist, dann bitte, bitte, bitte, falls du's nicht schon getan hast: Lauf so weit du kannst, um diesem Fingerzeigemonster schnellstmöglich zu entkommen! Wenn das dein Bild von Gott ist, dann wird es höchste Zeit, dieses Bild zu sprengen, es ein für alle Mal aus deinem Leben zu verbannen und Gott so kennenzulernen, wie er wirklich ist! Als einen Gott, der kein Problem mit dir hat, sondern vielmehr eine Lösung für jegliches Problem, das du jemals mit dir, ihm oder anderen hattest. Die zugegeben etwas unkonventionelle Lösungsstrategie, die Gott dir anbietet, findest du am Ende dieser Etappe deiner Reise: am Gipfelkreuz. Ein Symbol, das uns bis heute daran erinnert, wie ein Mann, der von sich selbst behauptet, Gottes Sohn zu sein, vor ungefähr 2 000 Jahren gestorben ist. Dieser Mann namens Jesus hat sich damals ganz bewusst entschieden, sein Leben zu geben – für dich und mich. Nicht einfach so, weil der gute Mann nichts Besseres zu tun hatte, sondern aus triftigem Grund. Übrigens dem einzigen Grund, aus dem jemand sein Leben für einen anderen Menschen hergeben sollte: Er tat es aus Liebe. Einer Art von Liebe, die sich selbst verschenkt – einfach so, weil sie es kann und weil sie es will. Einfach, weil sie liebt. Bedingungslos. Und da sind wir wieder bei der ersten und wichtigsten Wahrheit, die du über dich und Gott wissen musst: er liebt dich, und zwar so sehr, dass er in Jesus Mensch wird, um letztlich sein Leben für dich zu geben und damit für alles zu bezahlen, was jemals zwischen dir und Gott stand. Die Bibel formuliert das, was Jesus am Kreuz gemacht hat, mit folgenden Worten:

Denn vorher wart ihr tot aufgrund eurer Schuld und weil euer altes Ich euch bestimmt hat. Doch Gott hat euch mit Christus lebendig gemacht. Er hat uns alle unsere Schuld vergeben. Er hat die Liste der Anklagen gegen uns gelöscht; er hat die Anklageschrift genommen und vernichtet, indem er sie ans Kreuz genagelt hat.

Kolosser 2,13–14

Heißt also: Die Lösung, die Gott dir anbietet, lautet Vergebung. Er spricht dich frei von allem, was du bereust, wofür du dich schämst, was dich anklagt und kaputt macht. Er zeigt nicht mit dem Finger auf dich und verurteilt dich, sondern er hält dir die Hand hin und sagt:»Gib mir all das, was dich anklagt, was du bereust und wofür du dich schämst. Überall da, wo du dich selbst und andere verletzt hast, vergebe ich dir. Überall da, wo du verletzt wurdest, heile ich die Wunden in deiner Seele. Ich trage all das für dich, damit du es nicht mehr tragen musst. Ich nehme es auf mich, denn ich will nicht, dass du diese Last alleine trägst und irgendwann darunter zusammenbrichst. Ich will, dass du seelisch wiederhergestellt, geistlich erneuert und körperlich aufgerichtet durchs Leben gehen kannst. Ich will, dass du frei bist, dich selbst, andere und mich so zu lieben, wie ich dich liebe.« Das ist das Geschenk, das Gott dir am Gipfelkreuz machen will. Er will dir jedes Gefühl von Schuld und Scham, jedes Scheitern und Versagen, jede Anklage und Angst, jede Unfreiheit und Sucht abnehmen. Er will dich beschenken mit Vergebung, Heilung und Freiheit. Gott will dir echtes Leben schenken, ein Leben in seinen unbegrenzten Möglichkeiten.

Doch wie es sich für ein echtes Geschenk nun einmal gehört, liegt es an dir, es anzunehmen und aufzumachen. Du entscheidest, ob du deine Skepsis beiseitelegst, dein Misstrauen überwindest und dich auf diese göttliche Lösungsstrategie einlässt. Du entscheidest, ob du

Ja sagst zu diesem Jesus und sein Überraschungspaket für dich auspackst. Zu dieser Entscheidung kann dich niemand zwingen. Diese Entscheidung kann dir niemand abnehmen. Sie liegt allein in deiner Hand. Diese Entscheidung gehört dir.

Eine bekannte Zigarettenmarke wirbt seit einigen Monaten mit folgender Reklame: »Change doesn't start with a maybe« und »Freedom doesn't start with a maybe«. Zugegeben, ein skurriler Slogan für Zigaretten. Dennoch bringt er eine tiefe Wahrheit auf den Punkt: Veränderung fängt nicht an, wenn ich »vielleicht« sage. Freiheit ist nicht möglich, wenn ich »vielleicht« sage. Veränderung fängt an, wenn ich Ja sage. Freiheit ist möglich, wenn ich Ja sage. Ja zu diesem Mann, der von sich behauptet, Gottes Sohn zu sein. Ja zu dem Geschenk seiner Liebe. Ja zu seiner Vergebung, zu seiner Veränderung und zu seinen Zielen und Möglichkeiten für mein Leben. Hannes, dessen Geschichte ich in »Egosex« beschrieben habe, hat Ja gesagt und es hat sein Leben verändert.[8]

Nachdenklich – Eine Entscheidung mit weitreichenden Folgen

Schritt 1: Den Weg zum Gipfelkreuz einschlagen

Du bist jetzt an einem Punkt auf deiner Wanderung, an dem du dich entscheiden musst, auf welcher Route du weitergehen möchtest. Zwei mögliche Wege stehen dir dabei offen: Du kannst dich für den Aufstieg zum Gipfelkreuz entscheiden und das Liebesangebot Gottes heute für dich annehmen – vielleicht zum wiederholten oder aber auch zum ersten Mal in deinem Leben. Genauso kannst du an dieser Stelle aber auch um den Gipfel herumwandern und auf deine Gipfelkreuzerfahrung verzichten. Wenn du dich für den Gipfel entscheidest und ans Kreuz willst, dann folge einfach dem Streckenverlauf dieser Etappe. Wenn du dich für die Route ohne Kreuz entscheidest, dann lass den Rest dieser Etappe beiseite und folge dem Wegweiser des letzten Streckenabschnitts (Seite 115).

Bevor du jedoch eine Entscheidung triffst, überlege dir zunächst Folgendes:

Habe ich mich schon einmal bewusst für die göttliche Lösung namens Jesus entschieden?

Wenn ja: Wie war das für mich? Wie habe ich mich gefühlt? Was habe ich erlebt? Was hat sich dadurch in meinem Leben verändert?

Wenn nein: Was macht es mir schwer, mich auf diese göttliche Lösungsstrategie namens Jesus einzulassen? Was hält mich davon ab, eine Entscheidung zu treffen? Welche Bedenken, Zweifel und Ängste werden in mir laut?

Was wäre mein persönlicher Gottesbeweis? Was brauche ich von Gott, um ihm vertrauen und sein Geschenk annehmen zu können?

Wenn du dich an diesem Punkt für Jesus und den Aufstieg zum Gipfelkreuz entscheiden willst, dann kannst du das mithilfe des folgenden Gebetes oder aber auch in deinen eigenen Worten tun – entweder allein oder aber mit einem Zeugen an deiner Seite. Wenn du dich bereits einmal für Jesus entschieden hast, kannst du das folgende Gebet nutzen, um dir noch einmal bewusst zu machen, was es bedeutet, dass Jesus 100 Prozent für dich gegeben hat. Wenn du zu diesem Zeitpunkt deiner geistlichen Reise Gottes Geschenk noch nicht annehmen willst, dann überspringe die folgenden Seiten einfach und mache direkt auf Seite 115 weiter.

100 Prozent ANGENOMMEN
Danke Jesus, dass ich zu dir so kommen darf, wie ich bin. Danke, dass du mich annimmst, so wie ich bin, und dass ich bei dir keine Bedingungen erfüllen muss.

100 Prozent BEZAHLT
Danke, dass du alle Bedingungen erfüllt hast, dass du am Kreuz jede offene Rechnung stellvertretend für mich mit deinem Leben bezahlt hast. Jesus, ich komme heute zu dir mit all meinen Rechnungen, mit all dem, wo ich an dir, an mir und an anderen schuldig geworden bin. Alles, was noch offensteht zwischen Gott und mir, gebe ich an dein Kreuz. Ich glaube, dass du Sohn Gottes bist, dass du für mich gestorben bist – und all das aus Liebe zu mir.

100 Prozent ENTSCHIEDEN
Ich entscheide mich heute für ein Leben mit dir! Ich erlaube dir, in meinem Herzen zu wohnen und ab sofort in meinem Leben das Sagen zu haben und mir in jedem Lebensbereich zu helfen. Ab sofort darfst du mein Chef, mein Lehrer, mein Erlöser, mein Versorger,

mein Tröster, mein Berater, mein Weg, meine Wahrheit, meine Freiheit und mein Leben sein.

100 Prozent NEU

Genauso wie du auferstanden bist, will auch ich heute zu einem neuen Leben auferstehen. Ich danke dir, dass ich ab sofort ein Kind Gottes bin, dass ich nie wieder getrennt von meinem himmlischen Vater leben muss. Und ich bitte dich, dass du mich mit deinem Frieden und deinem Heiligen Geist erfüllst, dass ich tief in mir spüre, du bist jetzt da und wir sind eins, so wie du und der Vater eins seid.

100 Prozent JA

Weil du mich schon immer geliebt hast, weil du ohne Wenn und Aber 100 Prozent Ja zu mir gesagt hast, vertraue ich dir heute mein Leben an und sage Ja zu dir. Du darfst mich ab sofort führen, damit ich deine Ziele für mein Leben mehr und mehr entdecken kann. Amen.

Schritt 2: Auf dem Grat der Selbsterkenntnis wandern

Du hast dich dafür entschieden, Gottes Lösungsstrategie für dich anzunehmen und dich auf den Weg zum Gipfelkreuz zu machen. An diesem Kreuz will Jesus dir begegnen, dir alles abnehmen, was dich belastet, und dich in seine Freiheit führen. Um am Gipfel anzukommen, dort ans Kreuz zu gehen und Gottes Freiheit zu erleben, begib dich jetzt auf den Grat der Selbsterkenntnis. Auf dieser Route wirst du verschiedene Fragen in deinem Herzen bewegen, die dir zeigen werden, wo du an Gottes Ziel für dein Leben vorbeigeschossen bist.

Fragt sich: Woher weißt du, dass du an Gottes Ziel für dein Leben vorbeigelebt hast? Was ist überhaupt Gottes Ziel für dein Leben?

Gute Frage! Die Antwort darauf lautet in einem Wort ganz einfach: Liebe. Gott geht es in allem, was du denkst, sagst, tust oder nicht tust, um Liebe – und zwar zu dir selbst, zu anderen und auch zu ihm. Jesus formuliert dieses höchste Gebot einmal folgendermaßen:

> Du sollst den Herrn, deinen Gott, lieben von ganzem Herzen, mit ganzer Hingabe und mit deinem ganzen Verstand! Das ist das erste und wichtigste Gebot. Ebenso wichtig ist aber das zweite: Liebe deinen Mitmenschen wie dich selbst! Alle anderen Gebote und alle Forderungen der Propheten sind in diesen Geboten enthalten.
>
> *Matthäus 22,37–39; HfA*

Nun sind wir alle Menschen und als Menschen liegt es uns fast schon im Blut, diesem göttlichen Liebesanspruch und oft auch unseren eigenen Ansprüchen nicht immer gerecht zu werden. Und wenn uns das mal wieder passiert, heißt das, dass wir an Gottes Zielen vorbeileben. Und immer, wenn wir das tun, sagt uns die Bibel etwas, das wir heutzutage nicht mehr gerne hören. Sie bezeichnet dieses Vorbeileben als Sünde und meint damit all die kleinen und großen Dinge, die wir denken, sagen, tun oder aber auch nicht tun, mit denen wir gegen unseren Glauben, unsere innersten Überzeugungen, gegen unser Gewissen und letztlich gegen Gottes Liebesgebot handeln – und dann Dinge tun, für die wir uns schämen, die wir bereuen, die wir gerne wieder rückgängig machen würden. Die Dinge, die wir am liebsten verdrängen, manchmal schönreden oder sehr oft auch geheim halten, eben weil sie uns peinlich sind. Die Dinge, die uns damit letztlich limitieren, unfrei machen, klein halten und zerstören. Genau um diese Dinge geht es auf dem Grat der Selbsterkenntnis. Denn jetzt hast du die Möglichkeit, in dich hineinzuhören und all diesen Dingen ins Auge zu schauen!

Folgende Fragen können dir dabei helfen:

Wo bin ich an den drei Liebeszielen Gottes für mein Leben vorbeigeschrammt?

Welche meiner Entscheidungen hatten im Rückblick negative Auswirkungen?

Was bereue ich, wofür schäme ich mich? Wo klage ich mich an? Welche Situationen liegen wie eine Last auf meiner Seele und rauben mir die Freiheit, die Leichtigkeit und die Lebensfreude?

In Bezug auf Gott: Welche Dinge sind mir bewusst, die zwischen mir und Gott stehen? In welchen Lebensbereichen darf Gott keinen Raum einnehmen?

In Bezug auf andere Menschen: Gibt es Dinge, die ich getan, gedacht oder gefühlt habe, die andere Menschen gering geschätzt oder verletzt haben? Wo haben andere Menschen mir unrecht getan oder mich verletzt?

In Bezug auf dich selbst: Welche Eigenschaften/Handlungsweisen nehme ich als negativ an mir wahr? Wo fühle ich mich unfrei, limitiert oder abhängig von Umständen, Dingen oder Menschen?

Was auch immer es ist, nimm alles ernst, was in dir hochkommt, ganz egal, ob es ausschließlich deine Pornoerfahrungen sind oder aber andere Szenen deines Lebens. Auf der nächsten Seite findest du eine leere Seite. Schreibe dort jede Szene, jeden Gedanken und jedes Gefühl auf! All das, wofür du dich schämst. Alle Gedanken, alle Gefühle, alles, was dich gefangen nimmt. Alles, wo du andere Menschen mit deinem Verhalten betrogen oder verletzt hast. Genauso aber auch all das, wo du verletzt wurdest und wo Menschen deine Grenzen überschritten haben. Auch dein erstes Mal Porno kannst du an dieser Stelle noch einmal ganz bewusst benennen. Was auch immer es ist, schreibe jedes Bild, jede Szene, jeden Film, jede Erfahrung, jede daraus resultierende Konsequenz auf und sei dabei so konkret wie möglich. Nenne die Dinge wirklich beim Namen!

»Raum für Notizen«

Meine Packliste – was schleppe ich alles mit mir herum?

Schritt 3: Die Gipfelkreuz-Perspektive einnehmen

Der Grat der Selbsterkenntnis liegt hinter dir, du hast nun eine ganze Seite voll mit allem, was dir als Zielverfehlung bewusst geworden ist. Mit deiner Liste im Gepäck stehst du jetzt oben auf dem Gipfel, direkt am Kreuz. Von hier oben aus kannst du nicht nur die Wegstrecke sehen, die hinter dir liegt. Auch die Lebenswege, die noch vor dir liegen, hast du von hier oben klar im Blick. Nimm jetzt noch einmal deine Seite mit der Packliste und setze dich damit ans Gipfelkreuz – gewissermaßen Gott zu Füßen. Und jetzt nimm dir Zeit, um nach vorne zu schauen und zu überlegen, wohin du in den einzelnen Bereichen deines Lebens gehen willst.

Folgende Fragen können dir dabei als roter Faden dienen:
In welche Richtung soll sich mein Leben in den einzelnen Punkten entwickeln? Was konkret soll sich in den einzelnen Bereichen ändern? Was will ich statt meiner Zielverfehlungen ab sofort in meinem Leben haben? Wofür werde ich meinen Mist eintauschen? Was will ich mir im Gegenzug dafür von Jesus abholen?

Mögliche Austauschpaare können zum Beispiel sein:
- Festlegung/Unfreiheit/Sucht – Freiheit
- Anklage/Schuld – Vergebung
- Scham – Ehre
- Lüge – Wahrheit
- Selbstablehnung – Selbstannahme
- Hass – Liebe
- Verletzung – Heilung
- Unversöhnlichkeit – Versöhnung
- Minderwert – Selbstwert
- usw.

Schreibe all das Positive, was du dir von Jesus holen wirst, hier auf:

Gesprächig – Buße *tun* – was soll das denn heißen?

Jetzt, wo du über den Grat der Selbsterkenntnis gewandert bist und dir zu Gottes Füßen Perspektive für dich und dein Leben abgeholt hast, ist es an der Zeit, deinen Rucksack auszupacken, alle Last, die du mit dir herumschleppst, ans Kreuz zu nageln und ihn wieder ganz neu mit all den guten Dingen zu füllen, die du dir von Gott abholen willst. Damit die Dinge auf deiner Liste ihre Macht verlieren und du sie nicht länger in deinem Rucksack herumschleppst, musst du sie auspacken und ans Licht bringen. Das passiert, wenn du sie beichtest, also vor einem Zeugen aussprichst und bekennst. In einigen älteren Bibelübersetzungen findest du dafür das Wort »Buße tun«. Was auch immer deine Assoziationen mit diesem veralteten Begriff sind, das hebräische Wort für Buße (*schub*) heißt letztlich nichts weiter als umzukehren und die Richtung deines Denkens, Fühlens und Handelns zu ändern – weg von destruktiven Dingen und hin zu Gott und seinen Leben spendenden Möglichkeiten. Die Bibel formuliert es wie folgt:

> »Bekennt einander eure Schuld und betet füreinander, damit ihr geheilt werdet. Das Gebet eines gerechten Menschen hat große Macht und kann viel bewirken.«
>
> *Jakobus 5,16*

Jakobus, der kleine Bruder von Jesus, fordert uns also ganz konkret dazu auf, einander unsere Schuld zu bekennen. Nicht einfach so, sondern damit wir geheilt werden an Körper, Geist und Seele. Damit wir wiederhergestellt werden in unseren Beziehungen zu Gott, zu anderen und zu uns. Damit alles, was kaputt ist, wieder heil werden kann, wir uns ganz fühlen und versöhnt sind. In deiner Beichte liegt ein Versprechen, ein »Damit«, das du nur erleben wirst, wenn du den Mut hast, die metaphorischen Hosen herunterzulassen und ehrlich zu werden – vor dir, vor einem Zeugen und vor Gott. Wenn du das tust, verspricht Gott dir, dass er dir vergibt und dich ganz neu macht:

> »Doch wenn wir ihm unsere Sünden bekennen, ist er treu und gerecht, dass er uns vergibt und uns von allem Bösen reinigt.«
> 1. Johannes 1,9

Überlegt gemeinsam, was diese Sichtweise von Buße für euch bedeutet. Inwiefern ähnelt sie den Vorstellungen, die ihr gerade eben gesammelt habt? Worin unterscheidet sie sich? Was kann es euch ganz persönlich bringen, wenn ihr dieses Werkzeug des christlichen Glaubens anwendet? Wie könnt ihr euch dabei helfen, eure Vorurteile und Ängste zu überwinden und diesen Schritt gemeinsam zu gehen?

Bekennen – gemeinsam das Gipfelkreuz erleben

Ich weiß, es kostet viel, seine Schwächen vor anderen zu zeigen und radikal ehrlich zu werden! Aber vergiss nicht: Wir sitzen alle im selben Boot, denn jeder von uns hat Dreck am Stecken. Gott hat uns Menschen so designt, dass wir einander brauchen, wollen wir echte Durchbrüche erleben und wirklich nach vorne kommen.

Auch Paula, von der ich in »Egosex« berichtet habe,[9] wollte an einem Punkt in ihrem Leben endgültig Schluss machen mit den Pornobildern in ihrem Kopf. Zurückzugehen an den Anfang ihrer Pornogeschichte und all die Erinnerungen vor einem anderen Menschen auszusprechen, kostete sie viel Überwindung. Aber sie wusste, dass sie die Leichen in ihrem Keller herausholen und ans Licht bringen muss, wollte sie ernsthaft einen Durchbruch erleben. Also geht sie bis ganz zurück in ihre Kindheit, in den Keller ihrer Eltern, an den Punkt, an dem die Pornobilder ihres Vaters zum ersten Mal in ihre kindliche Welt hineingebrochen sind. Es ist das erste Mal in ihrem Leben, dass sie diese Szene aus dem Keller ihrer Erinnerung hervorholt und das Geschehene in Worte fasst. Vor einer Zeugin bringt sie all das, was ihre Seele belastet, vor Jesus und an sein Kreuz. Gemeinsam mit ihr betet Paula, dass Gott diese Bilder auslöscht: »Ich hab echt Gott angefleht, dass er die Bilder bitte gleich wegnimmt, dass er mich da echt heil macht davon!« Gott nimmt ihr Gebet an diesem Tag sehr ernst: »Es ist tatsächlich so gewesen. Die Bilder waren weg! Ich […] lag dann wirklich im Bett und hab versucht, die Bilder abzurufen, und sie kamen nicht mehr. […] Und jetzt ist es wirklich so, die Bilder sind weg! Ich hab sie nicht mehr, […] ich kann sie nicht herholen beim Sex.« Nach 35 Jahren Kopfkino hat Paula gewissermaßen über Nacht Porno-Alzheimer, die Spuren in ihrem Gedächtnis sind einfach ausgelöscht. Ihr ist heute ihr Mann genug, sie kann den Sex ausschließlich mit ihm genießen, muss nicht erst wie früher in ihr kopfeigenes Kino gehen, um in Stimmung oder zum Höhepunkt zu kommen. Die Bilder der Vergangenheit haben ihre Macht verloren.

Deshalb geht nun zu zweit zusammen, um füreinander Zeuge zu sein und miteinander zu beichten. Macht das in dem Bewusstsein, eure Liste direkt vor Jesus auszupacken und an sein Kreuz zu nageln. Ihm beichtet ihr eure Zielverfehlungen und bei ihm tauscht ihr ein, was ihr stattdessen von seinem Kreuz mitnehmen wollt. Die Aufgabe des jeweiligen Zeugen ist es, währenddessen still zu beten, potenziellen Impulsen zu folgen, sich nach der Beichte zum Betenden zu stellen, ihm Vergebung zuzusprechen und ihn mit den Leben spendenden Dingen zu segnen, die er oder sie sich am Kreuz abholt.

Bevor du jetzt in den Gebets- beziehungsweise Beichtmodus wechselst, berufe dich bewusst auf die Versprechen Gottes. Bete in der Gewissheit, dass er dir vergeben hat, dass er schon alles für dich getan hat und dass er dir alles geben will, was du brauchst, um in seiner Freiheit zu leben. Bete aktiv und drücke dich so konkret wie möglich aus. Heißt also, anstelle eines passiven: »Jesus, ich möchte, würde, hätte (hätte Fahrradkette) ...« formuliere aktiv: »Jesus, ich gebe dir / ich sage mich los / ich nehme mir dafür / ich tausche es gegen ... ein.« Vergiss nicht, was bereits die Bibel lehrt: »Worte haben Macht, sie können über Leben und Tod entscheiden. Darum ist jeder für die Folgen seiner Worte verantwortlich« (Sprüche 18,21 HfA). Wie aktiv und konkret du betest, entscheidet also über die Durchschlagskraft deines Gebets und damit letztlich über deinen Erfolg. Wenn ihr hört, dass einer von euch passiv betet, habt ruhig den Mut, euch mit einem liebevollen Hinweis zu unterbrechen.

Bete also bitte nicht: »Jesus, ich möchte dir den Pornofilm von gestern geben. Du weißt, dass ich wieder schwach geworden bin, ich will dich bitten, dass du mir vergibst.« Stattdessen bete in etwa so: »Jesus, ich bringe dir den Pornofilm, den ich gestern Abend nach der Arbeit im Internet angeschaut habe, an dein Kreuz. Ich lasse alle Bilder, die sich dadurch in meinen Gedanken festgesetzt haben, ganz bewusst los. Ganz besonders die eine Szene, in der ..., taucht immer wieder auf, und ich will sie nicht länger vor meinem inneren Auge sehen. Ich sage mich davon los und lösche diese Bilder in deinem Namen aus. Ich hole mir deine Vergebung dafür, dass ich wieder in mein altes Verhalten zurückgefallen bin. Ich entscheide mich auch, mir selbst zu vergeben. Ich gebe dir meine Unfreiheit, meine Scham, mein Versagensgefühl, all die Stimmen, die mich anklagen und mir sagen, dass ich ... Ich nehme deine Vergebung jetzt in Anspruch und hole mir deine Freiheit, deine Ehre, deinen göttlichen Selbstwert und deine Identität. Ich bin Kind Gottes, du hast mich gerecht gemacht, es gibt nichts, das mich von dir und deiner Liebe trennt. Ich danke dir, dass du meine Gedanken, meine Gefühle, mein Wollen und mein Tun jetzt reinigst. Ich danke dir, dass du mich mit deiner Reinheit und deiner Wahrheit auffüllst, dass du meinen Wert und meine Ehre wiederhergestellt hast. Ich danke dir, dass du Ja zu mir sagst, unabhängig davon, was ich tue, und ich stelle mich auf dein Versprechen, dass du alles in mir neu machst, dass du stark bist in mir, da wo ich schwach bin.«

Jetzt findet jeweils eure eigenen Worte, um miteinander zu beichten und gemeinsam Gottes Veränderungskraft am Kreuz zu erleben!

Die Gipfelkreuzerfahrung im Alltag leben

Geistlich gesehen hast du mit dieser Beichte dein Lebenshaus fürs Erste aufgeräumt. Jetzt heißt es jedoch, dieses geistliche Hilfsmittel als Mitbringsel deiner Wanderung in deinen Alltag zu integrieren, um dein Haus nach dem Großputz auch sauber zu halten. Auch wenn die geistliche Seite nur ein Teil der Veränderung ist, so solltest du sie dennoch nicht vernachlässigen. Beim Tausch am Kreuz geht es darum, dein Denken, Fühlen und Handeln mit göttlichen Wahrheiten zu füllen und Gottes Veränderungskraft ganz konkret zu erleben. Tauscht euch deshalb noch darüber aus, wie ihr eure Gipfelkreuzerfahrung in eurem Alltag leben werdet.

An folgenden Fragen könnt ihr euch dabei orientieren:
Wie werde ich mit den allgegenwärtigen Porno-Herausforderungen umgehen? Wen rufe ich an, wenn ich merke, dass sich wieder etwas in mein Denken eingeschlichen hat? Was brauche ich in meinem Alltag, um aktiv Psychohygiene zu betreiben? Mit wem treffe ich mich regelmäßig zum Beichten? Wie oft und in welchem Rahmen planen wir diese Treffen ein?

Findet gemeinsam auch passende Bibelstellen, die ihr zu eurem persönlichen Mantra macht, wie etwa:

> Müssen wir denn nun noch damit rechnen, verurteilt zu werden? Nein, für die, die mit Jesus Christus verbunden sind, gibt es keine Verurteilung mehr.
>
> *Römer 8,1; NGÜ*

> Wenn der Sohn euch frei macht, dann seid ihr wirklich frei.
>
> *Johannes 8,36; GNB*

> Weil Gott gnädig ist, gibt er uns immer mehr Kraft, solchen Begierden zu widerstehen. So heißt es auch in der Schrift: »Gott stellt sich den Stolzen entgegen, den Demütigen aber schenkt er Gnade.«
>
> *Jakobus 4,6*

Andere Bibelstellen kannst du in deiner Bibel, auf deiner Bibel-App (z. B. »Youversion«; www.youversion.com) oder aber online unter www.bibleserver.com oder www.ministry-made-simple.com finden.

Nutze diese Stellen als geistliche Waffe, um aus dem Pornogefängnis auszubrechen: Sie tragen dich durch herausfordernde Situationen, stärken dich, wo du schwach bist, feuern dich an, dranzubleiben, und machen dir immer wieder neuen Mut.

Aktiv – Buße *tun* – ganz praktisch

Damit deine Pornofreiheit nun aber auch tatsächlich in deinem Leben Realität werden kann, fehlt ein letzter wichtiger Schritt des Tausches am Kreuz: das Handeln! Wie wichtig es ist, das, was man erkannt und bekannt hat, auch wirklich ganz praktisch zu ändern, formuliert die Bibel folgendermaßen:

> Aber es reicht nicht, nur auf die Botschaft zu hören – ihr müsst auch danach handeln! Sonst betrügt ihr euch nur selbst.
>
> *Jakobus 1,22*

Willst du dir also nicht selbst etwas vormachen, sondern wirkliche göttliche Veränderung erleben, heißt es nun praktisch werden! Schreibe dir deshalb auf, welche Konsequenzen du aus deiner Beichte ziehst. Wenn es dir hilft, kannst du dich dabei an folgenden Fragen orientieren und/oder auch mit deinem Beichtpartner gemeinsam überlegen.

Was willst du in Ordnung bringen? Wo gilt es, sich zu entschuldigen? Was machst du in Zukunft anders? Welche neuen Verhaltens- und Gedankenweisen willst du aktiv in deinem Leben einbauen?

Nutze die folgende Tabelle, um deine langfristige Denk- und Verhaltensänderung aktiv zu planen und umzusetzen! Schreibe dir auf, was du ab sofort anders machst und bis wann du Neues ausprobiert und umgesetzt hast. Zuletzt vereinbare einen fixen Termin mit deinem Beichtpartner, an dem ihr einander nachfragt und darüber sprecht, was ihr gemacht und erlebt habt.

Was will ich mit wem und wie in Ordnung bringen? Wo gilt es, aktiv zu werden, Dinge zu klären oder neue Denk- und Verhaltensweisen zu etablieren?	Welche göttlichen Wahrheiten können mich dabei unterstützten?	Ab wann / bis wann werde ich das tun?

An diesem Termin treffen wir uns:

Göttlich - Der Gott, der dich frei macht

Ich weiß nicht, ob du schon einmal darüber nachgedacht hast, wie der Weg zum Kreuz sowie die Kreuzerfahrung selbst für Jesus gewesen sein musste. Von außen betrachtet siehst du dort am Kreuz einen Mann, der den intriganten Machenschaften von Menschen zum Opfer gefallen ist: Er wurde von einem Vertrauten aus den eigenen Reihen verraten, von seinen engsten Freunden im Stich gelassen, gedemütigt, verspottet, gefoltert und zu einem grausamen Tod verurteilt, und das, obwohl er ganz offiziell nach seinem Verhör für unschuldig erklärt wurde. All das sagt mir: Wenn es jemals in der Geschichte der Menschheit jemanden gegeben hat, der zu 100 Prozent das Recht darauf gehabt hätte, in Selbstmitleid zu versinken und sich als Opfer zu fühlen, dann war es Jesus. Jesus war ein echtes Opfer. Das war schließlich seine Job-Description: als Opfer für alle zu sterben, um ein für alle Mal die Sache zwischen Mensch und Gott zu regeln. Und tatsächlich erleben wir Jesus, kurz bevor er sich auf den Weg macht, von dem er weiß, dass er am Kreuz enden wird, wie er von Angst überwältigt wird, wie er sich schwach, hilflos, ausgeliefert und überfordert fühlt. In einer Szene im Garten Gethsemane sehen wir Jesus, wie er mit seinem Schicksal, mit seinem Auftrag, der göttlichen Lösungsstrategie, die ihn ans Kreuz bringen wird, ringt. Im Gespräch mit Gott, den er als himmlischen Vater kennt, trägt er eine sehr verständliche, sehr menschliche Bitte vor, die da lautet: »Mein Vater, wenn es möglich ist, lass diesen bitteren Kelch an mir vorübergehen!« An diesem Punkt im Garten Gethsemane ist Jesus alles andere als scharf darauf, für dich und mich ans Kreuz zu gehen. An diesem Punkt im Garten Gethsemane will Jesus das Handtuch schmeißen und aus der Nummer mit dem Kreuz aussteigen. Seine innere Realität heißt Angst. Es ist die Sorte von Angst, die uns Menschen für gewöhnlich dazu treibt, die Beine in die Hand zu nehmen und das Weite zu suchen. Jesus wollte davonlaufen, wollte auf eine unmenschliche Situation ganz menschlich reagieren. Doch die Geschichte geht anders aus: Jesus läuft nicht davon. Fragt sich also: Wie kam's? Was ist passiert? Wie konnte er diesem natürlichen Überlebensinstinkt, dem wahrscheinlich jeder von uns nachgegeben hätte, widerstehen?

Ich glaube ja, das haben wir seinen drei Freunden zu verdanken, die Jesus in dieser schwierigen Situation gebeten hatte, seine moralische Verstärkung zu sein und, während er mit seinem Auftrag ringt, in seiner Nähe zu sein und in dieser Nacht mit ihm wach zu bleiben. Doch als Jesus zurückkommt, findet er diese drei Männer, die er nur einmal in ihrem Leben um Hilfe gebeten hat, schlafend wieder. Und das Ganze nicht nur einmal, sondern gleich drei Mal hintereinander – jedes Mal wieder, als Jesus vom Gebet zurückkehrt, schlafen diese Schnarchzapfen. Sie schaffen es einfach nicht, wach zu bleiben und für ihren Freund stark zu sein. Diese drei schlafenden Männer führen Jesus eine Wahrheit über die menschliche Natur knallhart vor Augen, die da heißt: Der Geist ist willig, aber die menschliche Natur ist schwach. Wenn Jesus in dieser Situation eines erkennen muss, dann das: Als Menschen sind wir oft einfach schwach. Als Menschen werden wir nicht einmal unseren eigenen Ansprüchen gerecht – ganz zu schweigen von den Ansprüchen anderer oder gar göttlicher Ansprüche. Als Menschen wollen wir so oft ganz anders handeln, aber wir schaffen es einfach nicht, denn der Geist ist willig, aber die menschliche Natur ist schwach. An diesen schlafenden Jüngern bestätigt sich für Jesus die schmerzhafte Wahrheit, dass wir Menschen es nicht aus eigener Kraft schaffen können, sondern auf ihn angewiesen sind. Dass wir darauf angewiesen sind, dass er seinen Auftrag durchzieht, dass er den Weg zum Kreuz antritt und für unsere Schwächen, für unsere Unzulänglichkeiten, für unsere menschliche Natur stirbt. Dass wir es nötig haben, dass er für uns stark ist und nicht menschlich reagiert, sondern göttlich agiert.

Und so ringt sich Jesus am Ende seiner Gebetszeit zu einer ganz bewussten, göttlichen Entscheidung durch: »Wenn es nicht anders geht, und offensichtlich geht es nicht anders, dann soll dein Wille, Vater, geschehen. Wenn es nicht anders geht und es niemand sonst tun kann, dann mach ich's. Weil ich der Einzige bin, der die menschliche Natur überwinden kann. Weil ich der Einzige bin, der nicht versagt, da wo jeder Mensch versagen muss. Weil ich der Einzige bin, der trotzdem kann, wo jeder Mensch nicht mehr kann. Und genau deshalb entscheide ich mich und gebe mein Leben. Ich überwinde für sie, damit sie mit mir und meiner Hilfe alles überwinden können.«

An diesem Punkt im Garten Gethsemane hat Jesus sich entschieden, ans Kreuz zu gehen für dich und mich – ganz bewusst. An diesem Punkt im Garten Gethsemane ist Jesus aus dem Opferkreislauf ausgestiegen. Er hat nicht blind auf seine inneren Umstände, seine Ängste, reagiert. Er ist nicht seinen äußeren Umständen, den Machenschaften von Menschen, zum Opfer gefallen. Nein, Jesus hat sich Gottes Perspektive auf uns Menschen zeigen lassen und dann eine Entscheidung getroffen: diesen Weg ans Kreuz einzuschlagen. Er hat sich bewusst entschieden, diesen göttlichen Auftrag, seine Bestimmung, zu vollenden, auch wenn es schwer wird. Als Jesus ein paar Tage später am Kreuz hängt, hängt er dort als Macher, als Vollender seines Auftrags, nicht als Opfer. Er stirbt dort in absoluter Freiheit – als starker Gott, der seine menschliche Natur überwunden hat, der vollbracht hat, wozu er gekommen ist.

Ich weiß nicht, wo du manchmal mit deiner Menschlichkeit kämpfst oder darunter leidest, dass deine Natur schwach ist. Ich weiß nicht, wo du dich manchmal als Opfer deiner inneren und äußeren Umstände fühlst. Wo du dich manchmal so fühlst, als wärest du deinem Leben hilflos ausgeliefert, weil du nicht herauskommst aus Gewohnheiten, Verhaltensweisen und Schwächen. Wo du manchmal denkst, du hättest keine Wahl, als auf die immer gleiche Weise zu reagieren. All das weiß ich nicht. Aber eines, das weiß ich: Du musst kein Opfer deiner menschlichen Natur bleiben, denn der Gott, der da am Kreuz für dich hängt, ist kein Opfer. Und er macht dir jeden Tag wieder dieses Angebot, an sein Kreuz zu kommen, deine Schwächen bei ihm gegen seine göttlichen Möglichkeiten einzutauschen und mit seiner Hilfe immer wieder neu all das zu überwinden, was dich gefangen nehmen will – ganz egal, ob es sich dabei um innere oder äußere Umstände handelt. Dieser Jesus reicht dir jeden Tag wieder die Hand und flüstert dir zu: »Komm zu mir, ich bin kein schwacher Gott, ich bin ein starker Gott. Ich habe für dich überwunden, damit du mit mir gemeinsam überwinden kannst. Ich habe mich entschieden, mich für dich zum Opfer zu machen, damit du kein Opfer sein musst. Ich will dir Perspektive geben. Ich will dich mit meinen Möglichkeiten beschenken. Ich will dich stark machen mit meiner Kraft, da wo du schwach bist. Ich will dir die Freiheit geben, dich zu entscheiden. Ich will dir die Demut geben, das zu wollen, was ich will. Ich will dir die Gewissheit geben, dass alles, was in deinem Leben passiert, in meiner souveränen Hand liegt. Ich will dir Vertrauen schenken, dass dir alles zum Besten dient und du mit mir an deiner Seite jedes Hindernis überwinden, jede Herausforderung meistern, jeden Kampf gewinnen kannst. Mein Angebot für dich gilt. Mein Kreuz steht fest. Meine Kraft ist stärker als der Tod und sie steht dir zur Verfügung, wenn du sie dir abholst! Du musst kein Opfer bleiben, weil ich kein Opfer bin!«

Das ist das Angebot, das Jesus dir am Gipfelkreuz macht. Das ist das Angebot, das er dir jeden Tag neu macht – mit allem, wo du dich perspektivlos, schwach, hilflos, ausgeliefert und als Opfer fühlst!

Gelernt – Was nehme ich mit?

- Gott liebt dich – Punkt.
- Gott hat kein Problem mit deinem Pornoverhalten – er hat die Lösung.
- Seine Lösung hat einen Namen: Jesus.
- Jesus hat sich und sein Leben aus Liebe zu dir am Kreuz verschenkt.
- Am Kreuz wartet Gott mit offenen Armen auf dich, nimmt dir deinen Rucksack ab und füllt ihn mit seinem Mehr an Möglichkeiten.
- »Buße tun« bedeutet, die Richtung deines Denkens, Fühlens und Handelns zu ändern – weg von destruktiven Dingen und hin zu Gott.
- Der Tausch am Kreuz hat drei Schritte: erkennen, bekennen, handeln.
- Worte haben Macht: Deshalb bete aktiv und konkret, im Bewusstsein, dass Jesus bereits alles für dich getan hat.
- Anwendung ist alles: Nur, wenn du umsetzt, was du erkannt hast, wird das dein Leben verändern!
- Jesus ist nicht als Opfer seiner Umstände, sondern aus einer göttlichen Entscheidung heraus ans Kreuz gegangen.
- Deshalb musst auch du kein Opfer bleiben, denn seine Überwinderkraft steht dir zur Verfügung – immer und überall.

Was nehme ich mit?

Was ist mir in diesem Kapitel besonders wichtig geworden?

Was waren meine persönlichen Aha-Erlebnisse? Welche Erkenntnisse habe ich gewonnen?

Welche Fragen stellen sich mir jetzt neu?

KAPITEL 7

Blick nach vorne

Wissenswert – Das Wandern und des Müllers Lust

Aus meinen Gesprächen mit Pornoaussteigern habe ich in den letzten Jahren immer wieder eins gelernt: Ein Leben ohne Porno ist möglich, wenn man es will. Zugegeben, das ist nicht immer einfach, schließlich ist das Leben nicht gerade dafür bekannt, einfach zu sein. Heißt also: Auch dein Leben ohne Porno wird dir nicht immer ganz leichtfallen. Vielleicht wirst du die Bilder, die du dir über die letzten Jahre eingeimpft hast, nicht von jetzt auf gleich vergessen können. Vielleicht wirst du deine Porno-Prägung nicht von heute auf morgen loswerden. Vielleicht wirst du irgendwann wieder in die Pornofalle tappen und am PC Bilder und Filme anschauen. All das kann passieren, all das kann so sein. All das entscheidet jedoch nicht darüber, ob dein Weg in ein Leben ohne Porno erfolgreich ist. Erfolg definiert sich nicht darüber, dass du von heute auf morgen alles perfekt machst, dass du keinen einzigen Rückschlag mehr erleidest oder deine Gedanken komplett unter Kontrolle hast. Erfolg definiert sich darüber, wie du mit deinen Herausforderungen, Rückschlägen und Stolperfallen umgehst. Damit dein Leben ohne Porno also von Erfolg gekrönt ist, solltest du dir in verschiedener Hinsicht zwei Fragen stellen:

1. Wie sorge ich vor?
2. Wie sorge ich nach?

Vorsorge in technischer Hinsicht heißt zum Beispiel, dass du Filtersoftwares installierst, die dich dabei unterstützen, beim Surfen im Internet nicht in Versuchung zu geraten. In emotionaler Hinsicht bedeutet Vorsorge, dass du sehr gut auf dich und deine Bedürfnisse achtest. Tu dir bewusst Gutes, suche gezielt nach Alternativen zu deinem Pornokonsum und füll deinen emotionalen Tank immer wieder neu auf.

Auch in zwischenmenschlicher Hinsicht kannst du Vorsorge treffen: Mach es dir zur Gewohnheit, andere Menschen in deine Herausforderungen mit hineinzunehmen, vor ihnen ehrlich zu werden und transparent zu leben. Deine Pornopolizisten, denen du am Anfang deiner Wanderung das Recht gegeben hast, nachzufragen und in dein Leben hineinzusprechen, sollten das auch dann noch machen, wenn deine Wanderung offiziell zu Ende geht.

Denn auch was deine Nachsorge anbelangt, wirst du deine Pornopolizisten brauchen. Schließlich können sie dir in dem Moment, wo du hinfällst, wieder auf die Beine helfen, dich ermutigen, dranzubleiben, und dich anfeuern, weiterzugehen. Das effektivste Mittel für die Nachsorge ist jedoch der Weg, auf den du dich im vorherigen Kapitel machen konntest: der Weg zum Kreuz. Nutze die Möglichkeiten des Tauschs am Kreuz ganz aktiv in deinem Alltag, nicht nur in Bezug auf deinen Umgang mit Pornografie, sondern als Mittel der kontinuierlichen Seelenhygiene. Mach es dir zur Gewohnheit, dich regelmäßig auf den Weg der Selbsterkenntnis zu begeben, um dann vor einem anderen Menschen ehrlich zu werden und damit Verantwortung zu übernehmen für das, was schiefgelaufen ist. Du wirst sehen, wie diese gelebte Beichte dich innerlich sortiert und ausgeglichen hält, wie sie Ordnung in deine Beziehungen bringt und eine göttliche Dynamik in deinem Leben freisetzt, die dich und andere aufblühen lässt. Die beste Vorsorge- und Nachsorgeentscheidung, die du deshalb treffen kannst, ist deine Beziehung zu diesem Gott, den du auf dieser Wanderung kennenlernen konntest, zu vertiefen und mit ihm alltagstauglich zu leben. Eine Beziehung, in der du ganz einfach du selbst sein kannst, in der du 100 Prozent angenommen und geliebt bist, in der du stark und schwach sein und dich Schritt für Schritt weiterentwickeln darfst. Eine Beziehung, die den Hunger in deiner Seele stillen und dir dein persönliches Mehr an Leben bieten will.

Nachdenklich – Die Wanderung geht weiter

Bevor du dich auf den Weg machst, um den Berg namens »Pornoausstieg« hinter dir zu lassen, halte noch einmal einen kurzen Moment inne und genieße den Blick von so weit oben: die anderen Berge, die dich umgeben, die Täler, die zu deinen Füßen liegen. Jetzt schau ein Stück weiter, hin zu den Wegen deines Lebens, und bereite dich mental auf das vor, was dich dort erwartet. Überlege dir, was du brauchst, um die anderen Berge in deinem Alltag zu bewältigen und auch die Täler des Lebens zu meistern – und das alles ohne ein Pornoventil.

Folgende Fragen können dir helfen, dich bei deinem Blick nach vorne zu fokussieren:

Wie werde ich für mich sorgen und damit vorsorgen? Wie werde ich in Zukunft meinen emotionalen Tank auffüllen? Was brauche ich, damit es mir wirklich gut geht? Was inspiriert und erfüllt mich? Wann fühle ich mich so richtig glücklich? Welche Menschen tun mir gut? Wovon werde ich ab sofort mehr tun? Wovon werde ich ab sofort weniger tun? Wie werde ich das Vakuum füllen, das entsteht, wenn es keine Pornos mehr gibt? Wo kann ich den emotionalen Druck in Zukunft loswerden? Was kann künftig mein Ventil sein gegen Frust und Langeweile? Wie reagiere ich, wenn ich wieder Lust auf Porno bekomme?

Gesprächig – Was tun, wenn's brennt?

Schritt 1: Vorsorge

Tauscht euch darüber aus, was ihr tun wollt, um euren Alltag in Zukunft ohne Porno zu gestalten. Werdet miteinander kreativ und sammelt gemeinsam Ideen, wie jeder von euch in Zukunft für sich sorgen kann, damit sein emotionaler Tank gefüllt bleibt.

Schritt 2: Nachsorge

Tauscht euch jetzt auch darüber aus, wie ihr in Zukunft damit umgehen werdet, wenn ihr in alte Pornoverhaltensweisen zurückfallt.

Vereinbart mit euren jeweiligen Vertrauenspersonen ganz konkret, wie ihr euch künftig in eurem Leben ohne Porno unterstützen werdet, wie ihr in Zukunft füreinander sorgen und euch durch Herausforderungen durchtragen werdet.

Folgende Ideen können euch dabei vielleicht nützlich sein:
Aktiviere deinen Telefonjoker: Wen rufst du an, wenn du mit dem Gedanken spielst, dir einen Porno anzuschauen? Wen rufst du an, wenn dein Telefonjoker nicht erreichbar ist? Was machst du, wenn keiner erreichbar ist? Schreibst du eine SMS, packst du deine Gedanken in eine E-Mail?

Mach mit deinen Begleitern Seelenhygienedates und lebe einen Lifestyle der gegenseitigen Rechenschaft: In welchen Abständen wollt ihr euch treffen, um die metaphorischen Hosen voreinander herunterzulassen und ans Licht zu bringen, was sich in eurem Leben wieder eingeschlichen hat? Wie bereitet ihr euch auf diese Treffen vor?

Aktiv – Rückblick, Ausblick, Weitblick

Am Ende deiner Wanderung steig noch einmal auf den Berg, den Fernsehturm, den du ganz zum Anfang deiner Wanderung bezwungen hast. Genieße die Aussicht und das Gefühl von Weite. Dann nimm dein Wandertagebuch und halte deine Gedanken zu folgenden Fragen schriftlich fest.

Im Rückblick

Schaue auf die letzten Monate zurück und überlege dir: Was hat sich im Rückblick in dir verändert? Was ist heute anders als noch vor ein paar Monaten? Wofür bist du dankbar? Was war herausfordernd? Was waren deine größten Aha-Erlebnisse und Highlights?

Im Ausblick

Jetzt schau genauso auch nach vorne und überlege dir: Was ist als Nächstes dran? Was könnten nächste Schritte sein? Wo willst du Bereiche deines Lebens aufräumen? Wo willst du dich weiterentwickeln, dazulernen und wachsen? Welche Rolle darf Gott auf deiner Lebenswanderung in Zukunft spielen? Wie willst du auch auf deiner geistlichen Reise vorankommen? Gibt es Angebote in einer Kirche oder einer Selbsthilfegruppe, die du nutzen kannst, um deine Beziehung zu Gott neu zu entdecken oder zu vertiefen?

Göttlich – Der Gott, der an deiner Seite kämpft

Ganz am Anfang deiner Reise bist du am Fuße eines Berges gestanden, der da hieß: »Mach dich auf den Weg raus aus der Pornografie und rein in die Freiheit«. In den letzten Monaten hast du dir auf dieser Wanderung einen Weg nach oben gebahnt und deinen Berg Schritt für Schritt erklommen. Vor dir liegt jetzt der Abstieg – zurück in ein Leben, in dem nur eines vollkommen sicher ist: Es wird, wie jede alpine Wegstrecke, Höhen und Tiefen geben. Du wirst weitere Gipfelmomente erleben, in denen du vor Glück platzen könntest, genauso wirst du aber auch auf alte und neue Herausforderungen stoßen, in denen du wie ein tapferer Krieger für deine Freiheit kämpfen musst. Fakt ist: Da, wo die Wanderung auf diesen Berg namens Pornoausstieg zu Ende geht, fängt die Wanderung durch das Gebirge deines Lebens in Freiheit gerade erst an. Jetzt gilt es, bereits gewonnene Freiheiten zu verteidigen, verschiedenste Bereiche deines Lebens Stück für Stück zu erobern, neues Land einzunehmen und mehr und mehr diesen allumfassenden Überfluss in deinem Leben zu entdecken, den Gott dir verspricht.

So gesehen stehst du an einem Punkt, an dem vor ungefähr 3 200 Jahren auch ein Mann namens Josua stand. Josua wurde die verantwortungsvolle Aufgabe übertragen, das, was Mose begonnen hatte, zu Ende zu führen: das Volk Israel nach 40 Jahren Wanderschaft durch die Wüste endlich in das von Gott versprochene Land zu führen. Ein Land, in dem sie nicht länger gefangen sein würden wie Sklaven, in dem sie auch nicht länger auf der Durchreise wären wie Nomaden, sondern als freie Menschen sesshaft werden sollten. Einziges Problem: Das vor ihnen liegende Land war ihnen zwar versprochen, lag bisher jedoch noch in der Hand anderer dort lebender Völker. Heißt also: Schlachten mussten gewonnen, Städte mussten eingenommen und Land musste Schritt für Schritt erobert werden. Am Ende einer sich endlos hinziehenden, psychisch wie physisch kräftezehrenden Wanderung durch ödes Wüstengebiet stehen Josua und das Volk Israel also am Anfang eines unerbittlichen Eroberungsfeldzuges. Nichts von wegen Ausruhen und nach all den Strapazen ein bisschen verdienten Wellnessurlaub machen. Keine Zeit zum Durchatmen, kein »endlich geschafft, jetzt ist alles gut«-Gefühl. Stattdessen geben die Trommeln den Marschbefehl zum Weitergehen, zum Dranbleiben, zum Weiterkämpfen. Josua und das Volk Israel sind auch nach 40 Jahren, in denen sie sich durch die Wüste gequält haben, noch lange nicht am Ziel. Sie müssen auch weiterhin für das Leben, das Gott ihnen versprochen hat, kämpfen. Herausfordernd, in der Tat! Vielleicht sogar überfordernd! Alles andere als rosige Aussichten! Wer will schließlich in seinem Leben ständig nur am Kämpfen sein? Richtig. Keiner! Doch genau an diesem Punkt, an dem Josua an der Grenze zum verheißenen Land steht, die vor ihm liegende Wegstrecke überblickt und sich gedanklich schon einmal darauf einstellt, die meiste Zeit seines Lebens in Zukunft auf dem Schlachtfeld zu verbringen, gibt Gott ihm ein Versprechen. Er verspricht ihm nicht, dass das, was vor ihm liegt, einfach wird. Er verspricht ihm nicht, dass es in seinem Leben keine Kämpfe geben wird. Er verspricht Josua ein Leben, das unzählige Kämpfe mit sich bringen wird. Doch er verspricht ihm auch, dass er aus jedem dieser Kämpfe als Sieger hervorgehen wird. Im O-Ton klingt das, was Gott Josua zusagt, so:

> Dein Leben lang wird niemand dich besiegen können. Denn ich bin bei dir, so wie ich bei Mose gewesen bin. Ich lasse dich nicht im Stich, nie wende ich mich von dir ab. Sei stark und mutig! Denn du wirst das Land einnehmen, das ich euren Vorfahren versprochen habe, und wirst es den Israeliten geben. Sei mutig und entschlossen! Bemühe dich darum, das ganze Gesetz zu befolgen, das dir mein Diener Mose gegeben hat. Weiche nicht davon ab! Dann wirst du bei allem, was du tust, Erfolg haben. Sag dir die Gebote immer wieder auf! Denke Tag und Nacht über sie nach, damit du dein Leben ganz nach ihnen ausrichtest. Dann wird dir alles gelingen, was du dir vornimmst. Ja, ich sage es noch einmal: Sei mutig und entschlossen! Lass dich nicht einschüchtern und hab keine Angst! Denn ich, der Herr, dein Gott, bin bei dir, wohin du auch gehst.«
>
> *Josua 1,5–9; HfA*

Josua weiß, was vor ihm liegt: ein Leben im Kampfmodus. Ein Leben, das all seinen Mut, seine Stärke, seine Entschlossenheit, seine

Furchtlosigkeit und seinen Gehorsam verlangt. Ein Leben, in dem er sich von Widerständen, Unwegsamkeiten und anderen Herausforderungen nicht einschüchtern und unterkriegen lassen darf. Doch Josua weiß auch, dass ein Leben auf ihn wartet, in dem Gott treu an seiner Seite steht, um mit ihm zu sein, für ihn zu kämpfen und ihm einen Sieg nach dem anderen zu schenken.

Am Ende deiner Wanderung mit Blick auf das Leben, das vor dir liegt, macht Gott dir heute das gleiche Versprechen, das er damals Josua gemacht hat: Er verspricht dir ein Leben, das seine Herausforderungen und Kämpfe haben wird. Doch im gleichen Atemzug verspricht er dir, dass er mit dir sein wird, dass er immer für dich ist und dass er seine Versprechen in deinem Leben Realität werden lässt. Er verspricht dir, dass er dir treu ist, wenn du dich immer wieder neu dafür entscheidest, ihm treu zu sein. Ein Lifestyle, der Gottes Wegen folgen will, braucht vor allem eines: Charakter. Einen Charakter, der mutig, stark, entschlossen und furchtlos ist. Und weil Gott weiß, dass du Mut brauchst für deine Lebensreise, sagt er dir am Ende deiner Wanderung und am Anfang deines Lebens in Freiheit genau das, was er damals zu Josua gesagt hat: »Sei stark, mutig und entschlossen. Lass dich nicht einschüchtern und hab keine Angst! Ich, der Herr, dein Gott, werde mit dir sein und du wirst das Land einnehmen, das ich dir versprochen habe. Welche Kämpfe auch immer in deinem Leben noch auf dich zukommen, sei dir immer darüber bewusst: du kämpfst nicht alleine! Ich, dein Gott, kämpfe mit dir. Ich, dein Gott, kämpfe für dich! Deshalb hab keine Angst vor dem, was vor dir liegt. Lass dich nicht einschüchtern von dem, was dich erwartet. Geh deinen Weg mit dem Mut eines wahren Helden, mit der Entschlossenheit eines echten Siegers, mit der Furchtlosigkeit eines unbeschwerten Kindes, in der Gewissheit, dass du nicht aus deiner eigenen Kraft kämpfen musst, sondern mit meiner Kraft und meinen grenzenlosen Möglichkeiten rechnen darfst. Ich bin bei dir und mache dich immer wieder neu stark für alles, was kommt. Ich bin da, wohin auch immer du gehst.«

Gelernt – Was nehme ich mit?

- Ein Leben ohne Pornos ist möglich, wenn du es willst.
- Erfolg definiert sich darüber, wie du mit deinen Herausforderungen, Rückschlägen und Stolperfallen umgehst.
- Damit dein Leben ohne Porno erfolgreich ist, musst du wissen, wie du vor- und wie du nachsorgst.
- Die beste Nachsorgestrategie ist der Tausch am Kreuz. Nutze dieses Hilfsmittel zur regelmäßigen Seelenhygiene.
- Je mehr du dich nach einer Beziehung zu Gott ausstreckst und sie vertiefst, desto mehr wird er deinen inneren Hunger stillen.
- Gott verspricht dir kein Leben ohne Kämpfe und Herausforderungen. Aber er verspricht dir, dass er in allem, was kommt, mit dir ist und für dich kämpft!

Was nehme ich mit?
Was ist mir in diesem Kapitel besonders wichtig geworden?

Was waren meine persönlichen Aha-Erlebnisse? Welche Erkenntnisse habe ich gewonnen?

Welche Fragen stellen sich mir jetzt neu?

Anhang

Die letzten Wochen hast du Mut, Entschlossenheit und Furchtlosigkeit bewiesen. All das, was nötig ist, um in den Spiegel zu schauen und sich den Dingen zu stellen, die wir für gewöhnlich lieber verdrängen. Wenn ich am Ende dieser Wanderung eines über dich sagen kann, dann das: Du bist ein wahrer Kämpfer, ein starker Krieger und ein echter Held. Wie auch immer die Wanderung für dich weitergeht und wo auch immer dein Leben dich noch hinführt, lass dir von nichts und niemandem etwas anderes einreden!

Und damit du auch weiterhin maximal versorgt bist, um deinen Weg in Freiheit zu gehen und die Möglichkeiten Gottes auszuschöpfen, findest du an dieser Stelle weiterführende Links und Literatur, die noch mehr Wissen zum Thema Pornografie sowie unerschöpflichen Proviant für deine geistliche Reise für dich bereithalten.

Bleibt zu sagen: Ich wünsche dir, dass du für dich ein Leben entdeckst, in dem du den Mut hast, groß zu träumen. Ein Leben, in dem du die Furchtlosigkeit besitzt, für deine Träume aufzustehen und, wo nötig, zu kämpfen. Ich wünsche dir, dass du Gottes Mehr an Möglichkeiten für dich jeden Tag neu entdeckst – auf eine Weise, die dir direkt ins Herz spricht und dein Innerstes verändert. Und ich wünsche dir, dass dieser göttliche Überfluss in deinem Leben eine für dich und andere sichtbare Realität wird.

Lass dich nicht unterkriegen,
Christina

Christina Rammler: www.christina-rammler.de
Onlinetraining für Pornoaussteiger: www.pornoaussteiger.de

Deutschsprachige Ressourcen

... für mehr zum Thema Pornografie:
www.weisses-kreuz.de
www.return-mediensucht.de
www.nacktetatsachen.at
www.internet-pornografie.de
www.fit-for-love.org

... für mehr zum Thema Partnerschaft:
www.theratalk.de

... für deine geistliche Reise:
www.icf-berlin.de
www.icf-karlsruhe.de
www.icf-muenchen.de
www.icf.churchonline.org
www.resources.icf.ch/index.php/de

Englischsprachige Ressourcen

... für mehr zum Thema Pornografie:
www.xxxchurch.de
www.fightthenewdrug.org
www.stoppornculture.org

... für mehr zum Thema Partnerschaft:
www.gottman.com

... für deine geistliche Reise:
www.northpoint.org
www.lifechurch.tv
www.mosaic.org
www.youversion.com
www.bibleserver.com
www.ministry-made-simple.com

Endnotes

(Alle Internetlinks wurden am 29.10.15 auf ihre Aktualität geprüft.)

1 Rammler, Christina: Egosex. Was Porno mit uns macht. Holzgerlingen: SCM Hänssler, 2015; siehe auch: http://www.egosex.scmedien.de und http://www.christina-rammler.de/de/buecher/egosex-porno-uns-macht
2 vgl. Hilkens, Myrthe: *McSex. Die Pornofizierung unserer Gesellschaft.* Berlin: Orlanda Frauenverlag, 2010, S. 129.
3 http://www.polizei.bayern.de/kriminalitaet/internet/straftaten/index.html/57020
4 Ariely, Dan: Denken hilft zwar, nützt aber nichts. Warum wir immer wieder unvernünftige Entscheidungen treffen. München: Knaur, 2010, S. 148–149.
5 vgl. Rammler, Egosex, a.a.O., S. 134 ff.
6 vgl. Roth, Kornelius: *Sexsucht. Krankheit und Trauma im Verborgenen.* Berlin: Ch. Links Verlag, 2010, S. 66.
7 vgl. Nikolaus Franke, Pascal Heberlein: Pornografie – Das Pflichtprogramm für Jugendliche?! Denkangebot 8, Weißes Kreuz e.V., 2014; http://www.weisses-kreuz.de/media/filer_public/bb/25/bb25fa91-a22d-41b6-ae4f-8d0069e755e1/denkangebot_pornografie_fur_internet.pdf
8 vgl. Rammler, Egosex, a.a.O., S. 186 ff.
9 vgl. Rammler, Egosex, a.a.O., S. 209 ff.